수행평가

완벽대비

렉스미디어 자료 다운로드 방법

1 렉스미디어 홈페이지(http://rexmedia.net)에 접속한 후 **[자료실]-[대용량 자료실]**을 클릭합니다.

2 렉스미디어 자료실 페이지가 표시되면 **[특강교재]**를 클릭합니다.

3 특강교재 관련 페이지가 표시되면 **[수행평가.exe]** 파일을 클릭합니다.

4 파일 다운로드에 관한 대화상자가 화면 아래쪽에 표시되면 **[실행]** 단추를 클릭합니다.

tip
수행평가.exe 파일이 정상적인 파일이 아닌 것으로 의심되는 메시지가 표시되는 경우 **[작업]** 단추를 클릭한 후 [SmartScreen 필터] 대화상자에서 **[기타 옵션]**을 클릭한 다음 **[실행]**을 클릭하면 설치 과정을 정상적으로 진행할 수 있습니다.

5 설치 과정의 진행이 모두 완료되면 [로컬 디스크(C:)] 드라이브에 [수행과제] 폴더가 자동으로 생성됩니다.

이 책의 차례

이책의 차례

이책의 차례

이책의 차례

Part 1

개인
과제물
대비하기

수행평가 대비방법 알아보기

수행평가란 시험과 같은 학습의 결과에서 학습의 과정을 중요시하여 이를 측정하고 평가 방법으로 '초·중등교육법 시행규칙' 개정(15년 9월)에 따른 [학교생활기록 작성 및 관리지침]의 일부 개정에 따라 학생들의 수행평가를 학교생활기록부의 전산 관리토록 개선 보완하는 방법입니다.

중간고사 및 기말고사 등의 시험을 통한 결과물을 평가하는 방법에서 토론 및 조사, 실험, 체험 등 과목마다 다양한 방법으로 학생들의 학습 이해 정도를 평가합니다.

과목별 수행평가 대비 방법

[국어]

교과 과목에서 주제에 대한 토의 및 감상문 등을 통해 자신의 생각과 느낌, 다른 사람의 생각 등을 토론하며 정리하는 방식으로 교과 내용뿐만 아니라 독서를 통한 정보의 활용 폭을 높이도록 노력해야합니다.

[영어]

읽기, 듣기, 말하기, 쓰기 등 4영역을 골고루 평가하며, 영어 쓰기의 경우 도서를 읽고 그 내용을 그룹별로 요약 정리하거나 에세이 작성 등으로 단순한 암기 위주에서 자신의 의견을 어휘를 선정하고 문장 구조를 만드는 등 언어 능력을 높이고 팝송 및 외국어 영화의 좋아하는 내용을 듣고 말하는 연습을 꾸준히 반복하여 연습하는 것이 좋습니다.

[수학]

교과 과정에서 배우는 공식의 원리 및 공식을 이용한 문제 만들기 등으로 수학의 이해도를 높이고 풀이 과정을 점검하며, 오답 노트 등을 이용하여 반복되는 오답 내용을 정확하게 숙지하려고 노력해야 합니다.

[사회]

설문조사 및 탐방 등 다양한 방법의 조사를 통해 보고서를 작성하는 평가 방법이 많이 사용되며, 보고서 작성을 위한 이전 계획 단계부터 조사 과정에서의 꼼꼼한 기록 및 증거 자료 등을 추가로 활용하는 것이 좋습니다.

[과학]

각종 자연 관찰 및 실험 등의 보고서 작성에 많이 활용됩니다. 각종 실험 및 관찰의 경우 주제를 잘 선정하고 주제에 맞는 실험 방법 등을 통해 실험하는 등 문제를 해결하는 능력을 키우는 것이 중요합니다.

[음악/미술]

음악회 및 미술 전시회 등을 참석하고 느낀점 등을 감상문으로 작성하는 평가 방법이 많이 활용됩니다. 감상문의 경우 단순히 '좋았다'라는 짧은 소감보다는 좀더 구체적인 느낌으로 감상 내용을 표현하며, 작품 원작자에 대한 정보를 활용하면 도움이 됩니다.

집단 토론에서 자기 주장 설명하기

토론이란 어떤 문제에 대해 여러 사람이 각각의 의견을 말하며 논의하는 것을 말합니다. 일반적인 회의 방식이 여러 가지 안건에 대해 의견을 나누고 가장 좋은 의견을 정하는 반면, 토론의 경우 어떤 주제에 대해 토론 참가자는 찬성과 반대의 의견으로 나뉘어 자기의 주장을 이야기하다 보면 싸우는 듯한 분위기가 만들어지기도 합니다. 그래서 집단 토론의 경우, 먼저 자기 주장을 자신의 관점에서 먼저 제시하고 그 반대 되는 주장을 들어 본 후 상대편의 주장을 반박할 수 있는 시간 등의 규칙을 정하여 양쪽의 의견을 번갈아 이야기하며, 토론할 수 있도록 해야 합니다.

토론의 진행 방법

첫째. 자기 주장 말하기

찬성편과 반대편의 주장과 객관적인 근거로 모든 사람을 설득할 수 있어야 합니다.

둘째. 질문과 반론하기

상대편에서 제시한 근거에 대해 신빙성과 논리적으로 적절한지를 질의하며, 반박할 수 있어야합니다. 특히 반론에서 상대편 의견을 무조건 반박하거나 제기된 반론을 억지를 부리며 인정하지 않는 것은 삼가해야 합니다.

셋째. 주장 다지기

찬성과 반대쪽의 모든 반론 시간이 끝나면 마지막으로 상대편을 비롯한 모든 사람들에게 자신의 주장에 대해 정리하여 자기 주장을 말합니다.

넷째. 결론 내리기

중립성을 띠는 판정인이나 모든 사람을 두고 토론 과정에서 평가를 최종적으로 판정하며, 결론을 내립니다.

토론회 자료 만들기

토론은 상호간의 소통적인 논증방식으로 어떤 문제에 관해 여러 사람이 각자의 의견을 말하며 논의하는 일인 만큼 토론회에서 자기의 주장으로 설득하기 위해서는 신뢰할 수 있는 객관적인 자료를 이용하여 모든 사람들이 이해하고 납득할 수 있는 내용으로 설명해야 합니다. 또한 반대되는 주장을 반박할 수 있는 내용에 대해서도 모든 사람과 상대방을 설득할 수 있는 내용으로 함께 공감할 수 있도록 준비해야 합니다.

토론 자료

첫째. 자기주장 만들기
둘째. 예상 반론에 대해 답변 준비하기
셋째. 객관적 근거 자료 만들기
넷째. 자기 주장 정리하기

토론회 근거 자료 만들기

학교에 스마트폰을 가져올 수 없도록 규제하는 사용제한법에 대해 자기 의견을 제시하고 근거 자료를 만든 다음 찬성/반대 의견의 반박 자료를 한글 문서 A4 용지에 작성하여 제출합니다(자기 주장, 근거 자료, 반박 자료, 마무리 결론 등으로 항목을 만들기).

○ 예상 결과물 미리보기

주제 : 학교에 스마트폰 휴대를 금지하는 사용제한법에 대한 토론

지도초등학교 6학년 2반 이름 : 이시온

학교 내에서 스마트폰을 사용하는 것은 학습의 집중력을 방해하고 타인의 학습 분위기도 망칠 수 있어 사용 자체를 규제하는 것은 옳은 방법이라고 생각합니다. 하지만 학교에 소지하고 있는 것 자체를 규제하는 것은 옳지 않다고 생각합니다. 그 이유는 다음과 같습니다.

스마트폰을 가져올 수 없도록 규제하는 사용제한법의 반대 이유

1. 수업을 마친 후 학원 수업 등으로 인한 부모님 및 학원 기사님 등과의 통화
2. 학교 내에서 뿐만 아닌 위급한 상황에서의 빠른 대처에 필요성
3. 스마트폰을 이용한 스트레스 해소(음악 감상 등)
4. 수업 내용에 필요한 보충 정보 검색

[근거 자료]

초등학생 4명중 3명 학원 다녀 　　　　　　　　 푸른신문 | 기사일자 [2003-05-16]

초등학생 4명 중 3명은 방과 후에 학원을 다니는 것으로 나타났다.
보건복지부와 한국보건사회연구원이 지난해 5월부터 10월까지 전국에서 표본선정된 1만 2천가구와 2만97개 보육시설, 기초자치단체 보육담당 공무원 232명 등을 대상으로 아동보육실태를 조사한 결과 초등학생의 75%가 학원을 다니는 것으로 나타났다.
초등학생의 경우 방과후 조부모와 친인척이 돌봐주는 경우가 9.6%였으며 베이비시터, 파출부 등이 돌봐주는 경우는 0.4%였다. 유치원 취학연령인 유아의 경우 놀이방 등 보육시설을 다니는 비율은 30%, 유치원이 31.9%, 학원이 25.9%, 학원이 25.9%로 나타났으며 이런 외부기관을 1곳 이상 이용하는 비율은 83.7%였다.

찬성 입장에 대한 예상 질문과 반박 자료

[찬성 근거] : 수업중 울리는 전화 소리는 집중력을 방해하고 학습 분위기를 망칠 수 있다.

[반박] : 물론 수업 중 스마트폰을 켜 놓는 것은 옳지 못한 경우이며, 이럴 경우 스마트폰을 꺼 놓으면 됩니다.

[주장 다지기]

학교 내에서 스마트폰을 사용하는 것에 대해 규제하는 것은 옳지만 휴대 자체를 제한하는 것은 학생들에게 많은 불편함이 초래할 수 있어 사용제한법에는 반대입니다.
학교 수업을 마치고 하교 후 곧바로 학원 수업 등으로 인해 부모님 또는 학원 차량 기사님과의 통화 등을 해야하는데 스마트폰을 학교로 가져갈 수 없다면 다시 집으로 가야 하는 문제와 학원 시간 등이 빨라 항상 지각할 수 밖에 없다는 이유입니다. 이런 문제는 저 하나만의 문제가 아니며, 많은 학생들이 겪어야 하는 문제로 알고 있습니다.

[한글 프로그램의 사용 기능 및 순서]

문서의 용지 및 방향 설정하기 / 글꼴 및 문단 서식 지정하기 / 인터넷 정보 복사 및 붙여넣기 / 문서 저장하기

 01 한글 문서의 용지 설정하기

① 한글 2010 프로그램을 시작한 후 [쪽]-[편집 용지] 메뉴를 클릭하거나 **F7**을 누릅니다.

편집 용지

한글 2010 프로그램은 기본 설정으로 A4 용지의 세로 방향으로 설정되어 있습니다. 용지의 종류, 방향, 여백 등을 수정할 경우 [편집 용지] 대화상자에서 수정할 수 있습니다.

---

② [편집 용지] 대화상자가 표시되면 용지 종류(A4) 및 용지 방향(세로)과 용지 여백(위쪽/아래쪽/머리말/꼬리말 - 10mm, 왼쪽/오른쪽 - 20mm) 등을 지정한 후 [설정] 단추를 클릭합니다.

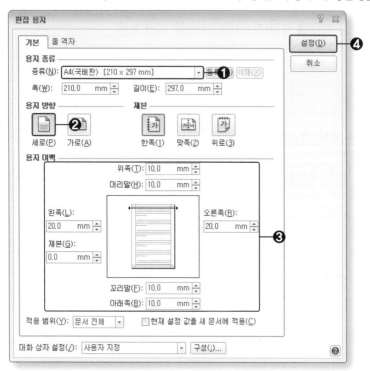

③ 편집 용지가 설정됩니다.

쪽 윤곽 표시/숨기기

• **쪽 윤곽 표시** : 문서의 여백을 포함하여 전체 내용을 화면에 표시하며, [보기]-[쪽 윤곽] 메뉴를 체크하여 실행합니다.
• **쪽 윤곽 숨기기** : 문서의 여백을 제외한 내용 부분만을 화면에 표시하며, [보기-[쪽 윤곽] 메뉴를 체크 해제하여 실행합니다.

화면 확대/축소

문서 내용을 확대 또는 축소하는 보기 방식으로 [보기]-[화면 확대] 메뉴를 클릭한 후 [화면 확대] 대화상자에서 비율을 수정하여 확대 또는 축소할 수 있습니다.

---

❷ 토론의 근거 자료 입력하기

① 토론 주제에 따른 찬성 또는 반대의 의견을 주제 및 이유, 근거 자료, 반박 자료, 주장 다지기 등의 분류로 의견을 입력합니다.

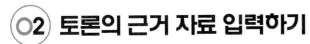

❶ 주제 : 학교에 스마트폰 휴대를 금지하는 사용제한법에 대한 토론

❷ 지도초등학교 6학년 2반 이름 : 이시온

학교 내에서 스마트폰을 사용하는 것은 학습의 집중력을 방해하고 타인의 학습 분위기도 망칠 수 있어 사용 자체를 규제하는 것은 옳은 방법이라고 생각합니다. 하지만 학교에 소지하고 있는 것 자체를 규제하는 것은 옳지 않다고 생각합니다. 그 이유는 다음과 같습니다.

❸ 스마트폰을 가져올 수 없도록 규제하는 사용제한법의 반대 이유
1. 수업을 마친 후 학원 수업 등으로 인한 부모님 및 학원 기사님 등과의 통화
2. 학교 내에서 뿐만 아닌 위급한 상황에서의 빠른 대처에 필요성
3. 스마트폰을 이용한 스트레스 해소(음악 감상 등)
4. 수업 내용에 필요한 보충 정보 검색

[근거 자료]

찬성 입장에 대한 예상 질문과 반박 자료
[찬성 근거] : 수업중 울리는 전화 소리는 집중력을 방해하고 학습 분위기를 망칠 수 있다.

[반박] : 물론 수업 중 스마트폰을 켜 놓는 것은 옳지 못한 경우이며, 이럴 경우 스마트폰을 꺼 놓으면 됩니다.

[주장 다지기]
학교 내에서 스마트폰을 사용하는 것에 대해 규제하는 것은 옳지만 휴대 자체를 제한하는 것은 학생들에게 많은 불편함이 초래할 수 있어 사용제한법에는 반대입니다.
학교 수업을 마치고 하교 후 곧바로 학원 수업 등으로 인해 부모님 또는 학원 차량 기사님과의 통화 등을 해야하는데 스마트폰을 학교로 가져갈 수 없다면 다시 집으로 가야 하는 문제와 학원 시간 등이 빨라 항상 지각할 수 밖에 없다는 이유입니다. 이런 문제는 저 하나만의 문제가 아니며, 많은 학생들이 겪어야 하는 문제로 알고 있습니다.

수행과제 ▶ Ch01 ▶ 토론회샘플.hwp

❸ 글꼴 서식 수정하기

① ❶번 내용을 드래그하여 블록을 지정한 후 [서식] 도구 모음이나 [서식] 탭-[글자] 그룹을 이용하여 글꼴(HY헤드라인M) 및 글자 크기(15) 등을 선택합니다.

② 같은 방법으로 ❷번, ❸번 내용에 다음과 같이 글꼴 서식을 수정합니다.
　❷번 : 글꼴(HY헤드라인M), 글자 크기(10)
　❸번 : 글꼴(HY헤드라인M), 글자 크기(15)

❹ 문단 서식 수정하기

① ❷번 내용 위치에 커서를 클릭한 후 [서식] 도구 모음이나 [서식] 탭-[문단] 그룹의 옵션을 이용하여 오른쪽 정렬(▤)을 선택합니다.

> **문단 서식 변경하기**
> 문단 서식은 문단 단위로 서식이 변경되어 하나의 문단일 경우 블록을 지정하지 않아도 됩니다. 만약, 여러 개의 문단에 문단 서식을 지정할 경우 문단이 속하도록 마우스를 드래그하여 블록을 지정해야 합니다.

05 인터넷 정보 복사 및 붙여넣기

① 인터넷을 통해 근거 자료를 검색하기 위해 인터넷을 실행한 후 찬성 또는 반대에 대한 근거 자료를 블로그를 제외한 정부 기관의 통계 자료 또는 뉴스 정보 등을 이용하여 검색합니다.

② 검색된 결과를 드래그하여 블록 지정한 후 마우스 오른쪽 단추를 눌러 [복사]를 선택하거나 Ctrl + C 를 누릅니다.

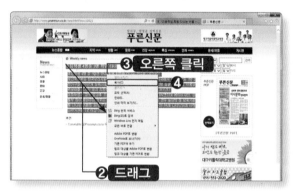

③ 한글 문서의 근거 자료 입력란에 커서를 클릭한 후 마우스 오른쪽 단추를 눌러 [붙여넣기]를 선택하거나 Ctrl + V 를 누릅니다.

④ [HTML 문서 붙이기] 대화상자가 표시되면 데이터 형식 선택(원본 형식 유지)을 지정한 후 [확인] 단추를 클릭합니다.

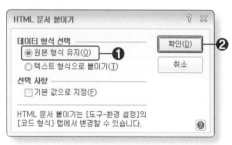
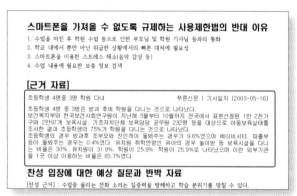

06 문서 저장하기

① 완성된 문서를 저장하기 위해 [파일]–[저장하기] 메뉴를 선택하거나 Alt+S를 누릅니다.

② [다른 이름으로 저장하기] 대화상자가 표시되면 저장 위치(문서) 지정 및 파일 이름(토론회과제물)을 입력한 후 [저장] 단추를 클릭합니다.

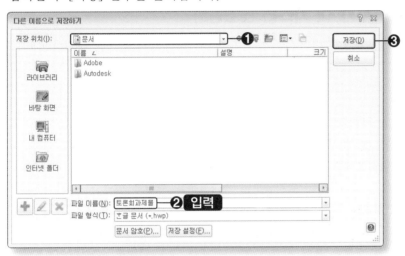

③ 완성된 문서가 저장 위치에 입력한 파일 이름으로 저장됩니다.

문서 불러오기
한글 2010 프로그램에서 [파일]–[불러오기] 메뉴를 선택하거나 Alt+O를 누르면 [불러오기] 대화상자가 표시되며, 찾는 위치 및 파일을 선택한 후 [열기] 단추를 클릭하면 저장된 문서를 불러올 수 있습니다.

완성된 문서 인쇄하기
[파일]–[인쇄] 메뉴를 선택한 후 [인쇄] 대화상자의 프린터 선택에 현재 연결된 프린터 드라이버가 선택되어 있는지 확인한 후 인쇄 범위(문서 전체), 인쇄 매수(1) 등을 지정하고 [인쇄] 단추를 클릭합니다.

한글 문서를 PDF 파일로 저장하기
[파일]–[PDF로 저장하기] 메뉴를 클릭한 후 [PDF로 저장하기] 대화상자에서 저장 위치 지정 및 파일 이름을 입력한 후 [저장] 단추를 클릭합니다.

[국어] 청소년 권장 도서에서 좋아하는 책을 읽고 해당 도서의 서평을 쓰시오.

❶ 제목 : 글꼴(HY견고딕), 글자 크기(16), 가운데 정렬
❷ 학년/반/이름 : 글꼴(맑은 고딕), 글자 크기(12), 진하게, 오른쪽 정렬
❸ 내용 : 글꼴(맑은 고딕), 글자 크기(12), 첫 줄(들여쓰기 – 20), 줄 간격(180)
❹ 저장 : [도서평]누가내치즈를옮겼을까.hwp

---

❶[도서평] '누가 내 치즈를 옮겼을까?'

❷ **지도초등학교 6학년 2반 이름 : 이시온**

❸ 어제 교실 안에서 친한 친구가 가지고 온 스마트폰이 없어져 모두에게 큰 소동이 벌어졌다. 이 때문에 당사자인 친구는 엎드려 울고만 있었고 반 친구들 모두는 당황하고 어떻게 해야 할지 몰라 어수선하게 있었다. 이 후 교실에 선생님이 들어오셔서 문제의 내용을 들으셨고 침착하게 집에서부터 마지막으로 스마트폰을 가지고 있던 시간을 차근 차근 물어보셨다. 그리고는 마지막 분실 시점부터 이동 경로를 따라 찾아보며 화장실 세면대에 놓여있던 스마트폰을 찾을 수 있었다.

이번에 겪은 스마트폰 분실 소통을 통해 사람은 누구나 여러 가지 어려운 상황에 맞닥드릴 수 있고 이런 수 많은 예기치 않은 상황에 놓여질 수 있을 것이라는 생각을 했다. 오늘 소개하는 '누가 내 치즈를 옮겼을까' 도서는 이런 오늘을 살아가는 우리에게 꼭 필요한 책이 아닌가 생각된다.

이 책에 나오는 두 마리의 생쥐가 갑자기 사라진 치즈를 보며 각자 어떤 방식으로 현재의 상황을 파악하고 어떻게 해결해 나아가는지를 확실하게 보여준다.

현실에 괴로워하며, 두려움의 벽에 막혀 살아가는 '햄'과 현실을 받아드리고 앞으로의 미래를 위해 도전하는 '허'의 모습 속에 우리가 살아가야 하는 인생의 방법을 말해주는 것 같아 책을 읽는 동안 큰 교훈을 얻었다.

언젠가 나에게도 닥칠 수 있는 어려운 상황에 놓일 때가 분명히 있을 것이다. 이러한 상황에서 이제 두려워 하며, 현실에 안주하지 않고 긍정적인 생각과 자신감을 갖고 현재의 상황을 해결하기 위해 노력하며 살아갈 수 있도록 이 책이 용기를 주는 것 같아 읽는 내내 항상 감사한 마음이었다.

서평이란?
서평이란 인터넷 서점에서 책을 소개하는 페이지에서 도서를 구매하고 읽은 사람들이 해당 도서에 대해 평가하는 책 소개와 같은 의미입니다.

02 기행문 작성요령 알아보기

기행문이란 여행의 여정을 수필 형식으로 기록하는 글로 여행을 통해 경험한 생각과 느낌을 글로 전달하여 읽는 사람에게 새로운 정보 전달과 함께 여행의 안내서 역할을 하는 것입니다. 기행문을 잘 쓰기 위해서는 여행을 위한 사전 정보 수집과 여행 일정 계획 및 기록, 여행 중 보고 느낀 점 등을 메모하는 습관이 필요합니다. 여행 중의 인상깊은 정보는 사진과 홍보책자, 입장권 등을 통해 자료를 수집하고 시간과 장소, 느낀점 등을 기록하여 여행 후의 기행문 작성에 필요한 정보로 활용합니다.

기행문의 특성
- 여행 동기와 목적, 여정 등이 드러난다.
- 보고 들은 것들이 사실적으로 드러난다.
- 글쓴이의 생각과 느낌이 드러난다.
- 여행지의 배경, 풍습, 환경 등이 드러난다.

기행문의 3요소
- 여정 : 시간/공간적 순서로 언제 어느 장소로 이동했는지 여행 여정을 중심으로 기록합니다.
- 견문 : 여행 중 경치, 환경, 풍습, 인심 등을 토대로 보고 듣고 느낀 것들을 중심으로 기록합니다.
- 감상 : 여행하면서 느낀점이나 보고 들은 사실에 대한 생각을 진솔하게 기록합니다.

기행문 작성 단계
첫째. 여행지에 대한 조사와 일정 계획
여행을 준비하게 된 동기 및 목적 등을 기록하고 정해진 여행지의 교통편과 숙박, 날씨, 비용 등과 함께 동행하는 사람들의 여건에 따라 시간을 배분하여 일정을 계획해야 합니다.

둘째. 여행 자료 수집 및 느낀점 기록
여행 중 인상 깊은 풍경이나 장소, 작품 등을 사진으로 남기거나 관람 입장권 및 홍보책자 등을 수집, 여행지의 보고 느낀점 등을 그때 그때 생각나는대로 기록하여 기행문을 작성할 때에 자료로 활용하면 좋습니다.

셋째. 자료 정리 및 기행문 쓰기
여행 후 일정한 시간이 흐르면 여행 중 느꼈던 생생한 감동 등이 줄어들기 때문에 되도록 빠른 시일 내에 기록하는 것이 좋습니다. 여행의 자료 조사와 계획, 여행 중 기록된 자료 등을 종합하여 글을 정리하며 기행문을 완성합니다.

기행문에 나타나는 내용
- 동기와 목적
- 여행 중 보고 들은 정보
- 여행하면서 느낀점
- 여행 일정
- 지방의 풍습 및 환경
- 반성할 점과 얻은 장점 등의 평가

백제 역사 문화유적 답사기

최근 여행 중 답사해 보았던 우리 나라의 문화 유적에 대해 탐방 기록문을 작성하여 제출하시오. (사진 또는 관람권, 홍보 책자 등이 있을 경우 첨부하여 제출)

○ 예상 결과물 미리보기

백제역사문화유적답사기

지도초등학교 6학년 2반 이름 : 이시온

　백제 문화 답사를 준비한 것은 우연히 아빠 친구분이 부여에 저희 가족에게 선물로 주셨기 때문입니다. 부모님과 모처럼 부 적지를 방문할 수 있다는 생각에 미리부터 인터넷을 통해 부ᄋ 한 정보를 검색하게 되었습니다.
　먼저 답사할 유적지는 부모님과 함께 우리가 숙박하게 되는 한 백제 문화단지와 금강 아래쪽에 위치한 부소산의 고란사 ᄂ 박물관과 궁남지 등을 답사하기로 계획을 정했습니다.

여행 코스
1일차 : 서울 출발 ▶ 궁남지 ▶ 부여 롯데 리조트(숙박)
2일차 : 백제 문화단지 ▶ 부소산 고란사, 낙화암 ▶ 정림시

부소산성 입장 요금 및 입장권

입장 요금		
성인	어린이	
2,000원	1,000원	

　출발 전날 구름이 많이 끼는 흐린날씨가 될것이라는 예보에 나 걱정하며 잠들고 아침이 일어나니 생각보다 화창한 날씨ᄋ 짐을 차에 싣고 미리 준비한 김밥을 차 안에서 먹으며 아침ᄂ 어서 고속도로가 많이 막혀 계획에는 부여에 도착해서 미리 ᄋ 려 했지만 고속 도로 휴게소에서 점심을 먹게 되었습니ᄃ 라면과 떡꼬치, 그리고 구운 감자가 참 맛있어 차 안에서의 ᄆ 이었습니다.

　오후가 되어서 드디어 궁남지에 도착!! 궁남지의 홍련과 백련의 아름다움에 자연스럽게 입이 벌어졌고 감탄이 자동으로 나올 정도로 너무 아름다웠습니다. 포룡정과 연꽃 단지 등을 둘러보고 연못의 연꽃과 야생화, 수생 식물 등을 보고 숙소로 이동하여 첫 날의 여행 스케줄을 완료했습니다.

　둘째 날 아침에 일찍 일어나 숙소에서 제공하는 아침 식사를 맛있게 먹고 미리 짐을 정리한 후 숙소 바로 앞에 위치한 백제 문화단지로 이동했습니다. 백제 문화단지 안에는 백제의 왕궁인 사비궁과 왕실의 사찰인 능사, 백제의 고분 등이 있었으며, 백제의 생활 풍습을 알 수 있도록 귀족부터 일반 백성 들의 가옥 등을 그대로 복원한 생활 문화 마을과 고구려에서 남하한 온조왕이 비류의 나라를 통합하고 터전을 잡은 위례성 등을 탐방할 수 있었습니다. 백제 문화단지를 보고 느낀점은 백제의 화려함과 함께 생활 풍습 등에서 사치스럽지 않으며, 검소한 생활을 했던 백제인들의 모습을 느낄 수 있었습니다.

　오후 점심을 먹고 부소산으로 이동하여 다리가 아프고 힘이 들었지만 고란사와 낙화암을 부모님과 함께 걸으며 여러 가지 이야기를 할 수 있어 재미있는 시간이었습니다. 끝으로 정림사지에 들러 정림사지 오층석탑을 구경한 후 파곤하지만 나름 뜻깊은 여행이라 생각하며 집으로 돌아왔습니다.

[한글 프로그램의 사용 기능 및 순서]

글맵시 만들기 / 쪽 테두리/배경 설정하기 / 표 만들기 / 그림 삽입하기

01 글맵시 만들기

① '백제 역사문화유적 답사기.hwp' 파일을 열고 문서의 가장 위쪽 빈 줄에 커서를 클릭한 후 [입력] 탭-[개체] 그룹에서 [글맵시]- **가나다** [채우기 – 없음, 직사각형 모양]을 선택합니다.

② [글맵시 만들기] 대화상자가 표시되면 내용(백제 역사 문화 유적 답사기)을 입력한 후 글꼴(HY견고딕) 및 글맵시 모양(⬢)을 수정한 다음 [설정] 단추를 클릭합니다.

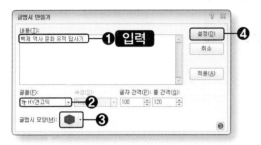

③ [글맵시] 탭-[스타일] 그룹에서 ☒·[채우기]-[노랑]을 선택하고 [크기] 그룹에서 너비(155)와 높이 (25)를 수정한 다음 [배치] 그룹에서 [글자처럼 취급]을 클릭하여 체크합니다.

④ 글맵시가 위치한 줄에 커서를 클릭하여 글맵시 편집을 해제한 후 [서식] 도구 모음의 ▤[가운데 정렬] 을 눌러 글맵시 제목이 가운데 위치하도록 수정합니다.

> **[글맵시] 탭 알아보기**
> 글맵시 개체를 선택하면 자동으로 [글맵시] 탭이 표시되며, 스타일 및 그림자, 크기, 배치 방법과 정렬 등을 수정할 수 있습니다.

02 쪽 테두리/배경 설정하기

① [쪽] 탭-[쪽 모양] 그룹에서 [쪽 테두리/배경]을 클릭합니다.

② [쪽 테두리/배경] 대화상자가 표시되면 [테두리] 탭에서 테두리의 종류(실선), 굵기(0.1), 색(빨강)을 선택하고 ▣[모두]를 클릭한 후 위치의 [종이 기준]을 선택한 다음 왼쪽/오른쪽/위쪽/아래쪽 모두 10mm로 수정합니다.

③ [배경] 탭을 클릭한 후 채우기의 [색]에서 면 색(노랑 90% 밝게)을 수정하고 적용 쪽의 채울 영역(테두리)을 수정한 다음 [설정] 단추를 클릭합니다.

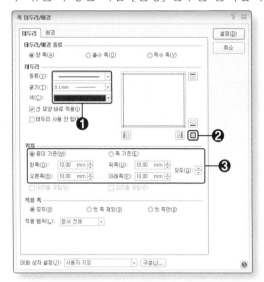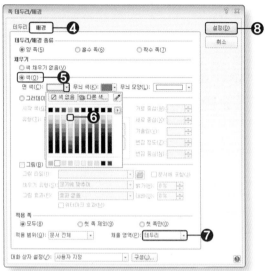

🅞🅒 표 만들기 및 편집하기(셀 나누기 / 셀 합치기 / 셀 크기 변경 / 셀 테두리 배경)

① '부소산성 입장 요금 및 입장권' 문단의 아래쪽 줄에 커서를 클릭한 후 [입력] 탭-[표] 그룹에서 [표]-[1줄 × 2칸]을 선택합니다.

② 표가 삽입되면 첫 번째 셀을 클릭한 후 키보드의 F5를 눌러 셀을 선택한 다음 [표] 탭-[셀 편집] 그룹에서 ⊞[셀 나누기]를 클릭합니다.

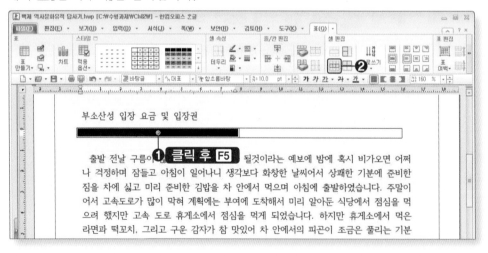

셀 선택하기

• **하나의 셀 선택** : 키보드의 F5를 누릅니다.
• **인접한 여러 개의 셀 선택** : 셀 안에서 마우스로 드래그합니다.
• **떨어져 있는 여러 개의 셀 선택** : 키보드의 Ctrl을 누른 상태에서 떨어진 셀을 순서대로 클릭합니다.

---

③ [셀 나누기] 대화상자가 표시되면 줄 수(3) 및 칸 수(2)를 수정하고 [줄 높이를 같게 나누기]를 체크한 다음 [나누기] 단추를 클릭합니다.

④ 첫 번째 셀이 여러 개의 셀로 나누어지면 표의 가로 테두리 선을 아래로 드래그하거나 키보드의 Ctrl 을 누른 상태에서 아래 방향키(↓)를 여러 번 눌러 높이를 수정합니다.

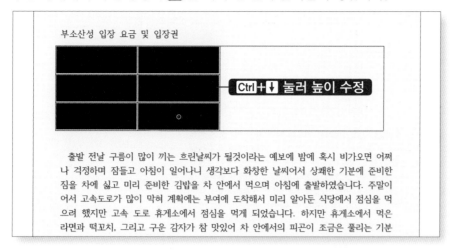

⑤ 표 개체를 선택한 후 [표] 탭-[배치] 그룹에서 [글자처럼 취급]을 클릭하여 체크합니다.

⑥ 표의 왼쪽 첫 번째 줄을 드래그하여 두 개의 셀을 선택한 후 [표] 탭-[셀 편집] 그룹에서 🔲[셀 합치기] 를 선택합니다.

셀 합치기와 셀 나누기

• **셀 합치기** : 합치고자 하는 인접한 셀 범위를 지정한 후 키보드의 M 을 누릅니다.
• **셀 나누기** : 나눌 셀을 선택한 후 키보드의 S 를 누른 후 [셀 나누기] 대화상자에서 나누기 옵션을 설정합니다.

---

⑦ 표 안의 셀 전체를 마우스로 드래그하여 선택한 후 [표]-[셀 테두리/배경]-[각 셀마다 적용] 메뉴를 클릭합니다.

⑧ [셀 테두리/배경] 대화상자가 표시되면 [테두리] 탭에서 종류(선 없음)를 선택한 후 🔳[왼쪽]과 🔳[오른쪽] 단추를 누른 다음 [적용] 단추를 클릭합니다. 표의 양쪽 테두리가 제거되면 종류(실선)와 굵기(0.4), 색(파랑) 등을 선택한 후 🔳[위쪽]과 🔳[아래쪽]을 클릭한 다음 [설정] 단추를 클릭합니다.

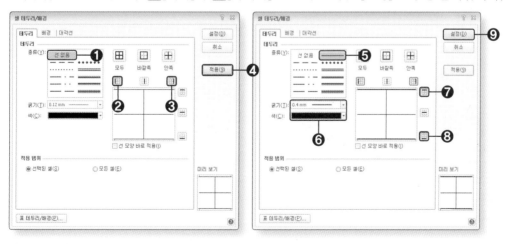

셀 안에 대각선 긋기

[셀 테두리/배경] 대화상자의 [대각선] 탭을 클릭하면 대각선의 종류 및 굵기, 색, 대각선 모양 등을 선택하여 셀 안에 대각선을 표시할 수 있습니다.

---

⑨ 같은 방법으로 표의 가운데 선을 굵은 파란색으로 지정합니다.

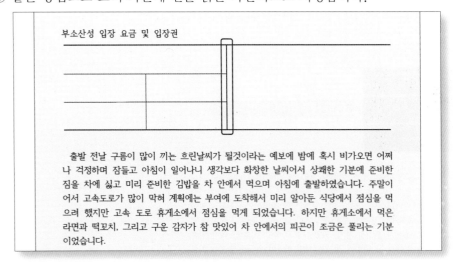

부소산성 입장 요금 및 입장권

출발 전날 구름이 많이 끼는 흐린날씨가 될것이라는 예보에 밤에 혹시 비가오면 어쩌나 걱정하며 잠들고 아침이 일어나니 생각보다 화창한 날씨어서 상쾌한 기분에 준비한 짐을 차에 싫고 미리 준비한 김밥을 차 안에서 먹으며 아침에 출발하였습니다. 주말이어서 고속도로가 많이 막혀 계획에는 부여에 도착해서 미리 알아둔 식당에서 점심을 먹으려 했지만 고속 도로 휴게소에서 점심을 먹게 되었습니다. 하지만 휴게소에서 먹은 라면과 떡꼬치, 그리고 구운 감자가 참 맛있어 차 안에서의 피곤이 조금은 풀리는 기분이었습니다.

> **셀 테두리/배경의 수정을 위한 단축키 알아보기**
> • [셀 테두리/배경] 대화상자의 [테두리] 탭 : 셀을 선택한 후 키보드의 [L]을 누릅니다.
> • [셀 테두리/배경] 대화상자의 [배경] 탭 : 셀을 선택한 후 키보드의 [C]를 누릅니다.

⑩ 표의 가장 오른쪽 셀을 키보드의 [F5]를 눌러 선택한 후 [표]-[셀 테두리/배경]-[각 셀마다 적용] 메뉴를 클릭합니다.

⑪ [셀 테두리/배경] 대화상자가 표시되면 [배경] 탭에서 [그림]을 클릭하여 체크 표시한 후 ▦[그림 선택] 단추를 클릭합니다.

⑫ [그림 넣기] 대화상자가 표시되면 찾는 위치(Ch02) 및 그림 파일(사진6)을 선택한 후 [문서에 포함]을 체크하고 [넣기] 단추를 클릭합니다.

⑬ [셀 테두리/배경] 대화상자의 채우기 유형(크기에 맞추어)을 확인한 후 [설정] 단추를 클릭합니다.

⑭ 같은 방법으로 왼쪽 첫 번째 줄(초록 90% 밝게)과 두 번째 줄(노랑 40% 밝게)에 채우기 색을 지정한 후 내용을 입력하고 글꼴(맑은 고딕), 글자 크기(12), 제목(진하게) 등을 수정합니다.

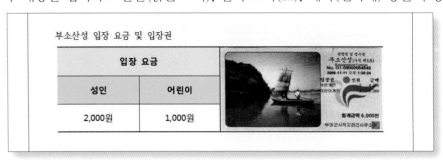

> **표/셀의 여백 지정하기**
> • 여백 지정은 표 개체의 바깥 여백과 표 안에 있는 모든 셀의 안쪽 여백으로 나눕니다.
> • **표 바깥 여백** : 표 개체를 더블클릭한 후 [표/셀 속성] 대화상자의 [여백/캡션] 탭에서 바깥 여백 항목의 값을 수정합니다.
> • **모든 셀의 안 여백** : 표 개체를 더블클릭한 후 [표/셀 속성] 대화상자의 [표] 탭에서 모든 셀의 안 여백 값을 수정합니다.

④ 그림 삽입 및 편집하기(그림 크기 / 스타일 / 자르기 / 효과)

① 두 번째 페이지의 첫 번째 문단 다음 줄에 커서를 클릭한 후 [입력] 탭-[개체] 그룹에서 [그림]-[그림]을 클릭합니다.

② [그림 넣기] 대화상자가 표시되면 찾는 위치(Ch02) 및 그림 파일(사진1)을 선택한 후 [문서에 포함]과 [글자처럼 취급]을 클릭하여 체크한 다음 [넣기] 단추를 클릭합니다.

그림이 포함된 문서를 파일로 제출할 때 주의 사항

수행평가 과제를 파일로 제출할 경우 그림이 포함되어 있다면 가장 주의해야 할 점이 문서에 그림이 포함되어 있는지 체크하는 것입니다. 그림을 삽입할 때에 [문서에 포함]을 체크하지 않으면 현재 작업할 때에 나타나는 문서 안의 그림이 다른 컴퓨터에서는 표시되지 않기 때문입니다. [개체 속성] 대화상자의 [그림] 탭에서 [문서에 포함]이 체크되어 있는지 확인할 수 있습니다.

---

③ 문서에 그림이 삽입되면 [그림] 탭-[크기] 그룹에서 가로(70), 세로(45)로 크기를 수정한 후 [그림] 탭-[스타일] 그룹에서 █[회색 아래쪽 그림자] 스타일을 선택한 다음 █▾[선 굵기]-[1.5mm]를 선택합니다.

비율에 따라 크기 변경하기

• 그림을 클릭한 후 크기 조절점(□)을 드래그하면 비율에 따라 크기가 수정됩니다.
• 그림을 더블클릭한 후 [개체 속성] 대화상자의 [그림] 탭에서 [가로 세로 같은 비율 유지]를 체크한 다음 가로 또는 세로의 크기를 수정하면 비율에 따라 크기가 수정됩니다.

---

④ 같은 방법으로 그림 오른쪽에 '사진2.jpg' 그림을 삽입한 후 같은 크기와 그림 스타일을 지정합니다.

⑤ 두 번째 페이지의 마지막 줄에 삽입된 두 개의 그림을 선택한 후 [그림] 탭-[효과] 그룹에서 [그림자]-
   ☒[대각선 오른쪽 아래], [옅은 테두리]-☒[3pt]를 선택합니다.

⑥ 그림에 그림자 효과 및 옅은 테두리 효과기 지정되어 표시됩니다.

오후 점심을 먹고 부소산으로 이동하여 다리가 아프고 힘이 들었지만 고란사와 낙화
함을 부모님과 함께 걸으며 여러 가지 이야기를 할 수 있어 재미있는 시간이었습니다.
끝으로 정림사지에 들러 정림사지 오층석탑을 구경한 후 피곤하지만 나름 뜻깊은 여행
이라 생각하며 집으로 돌아왔습니다.

그림 자르기

- 그림을 선택한 후 [그림] 탭-[크기] 그룹의 [자르기]를 선택하고 그림 테두리에 자르기 모양이 표시되면 드래그하여 필요 없는 부분을 자를 수 있습니다.
- 그림을 선택한 후 키보드의 Shift를 누르면 그림 테두리에 자르기 모양이 표시되며, 드래그하여 필요 없는 부분을 자를 수 있습니다.

그림의 여백을 이용하여 작품 사진 만들기

그림의 여백은 그림 개체의 바깥 여백을 지정하는 방법과 그림과 테두리 사이의 안쪽 여백을 지정하는 두 가지 방법이 있는데 여기서 그림과 테두리 사이의 안쪽 여백을 이용하면 미술 작품과 같은 그림 사진을 만들 수 있습니다.

 ▷

 ▷

▲ [개체 속성] 대화상자의 [그림] 탭에서 그림 여백을 이용하여 안쪽 여백을 수정한 경우

Exercise

[영어] 1학기 단원의 새로운 영어 단어를 암기 카드를 만들어 암기하시오.

- **편집 용지** : A6(문고판), 용지 방향(가로), 여백(기본 설정)
- **글맵시** : 임의로 모양을 설정 및 글꼴, 효과, 크기 등을 지정하고 결과 화면과 같이 내용을 입력
- **쪽 테두리/배경** : 결과 화면을 참고하여 테두리 및 배경(노랑 90% 밝게)을 지정
- **표 만들기** : 결과 화면을 참고하여 표를 작성하고 내용을 입력(글꼴 : HY헤드라인M)
- **그림 삽입하기** : [Ch02] 폴더의 문제사진1~문제사진4.jpg 파일, 스타일 및 효과 임의로 설정
- **저장** : 단어암기카드.hwp

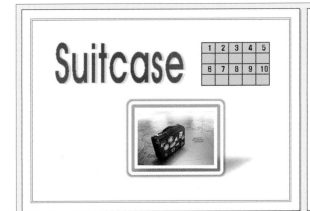

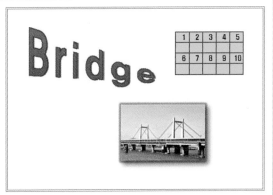

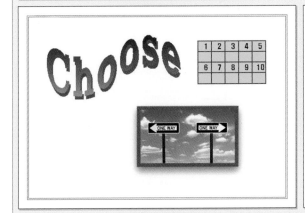

A6(문고판) 편집 문서 A4(국배판) 용지에 한꺼번에 찍기

문서를 인쇄할 때에 [인쇄] 대화상자에서 [설정] 단추를 클릭한 후 [프린터 속성] 대화상자에서 레이아웃을 [면 당 여러 페이지 인쇄]로 설정한 후 면 당 페이지 수(4)를 수정하면 A4 용지 한 페이지에 4개의 A6(문고판) 문서를 인쇄할 수 있습니다.

▲ 프린터 기종에 따라 위치 및 설정 방법이 조금씩 다를 수 있습니다.

오답 노트의 효과 및 활용법 알아보기

우리가 여러 가지 테스트(시험) 과정에서 문제를 풀이할 때 가장 많은 사람들이 공감하는 부분이 이 문제와 비슷한 문제를 분명히 풀어본 것 같다는 것입니다. 이렇듯 공부한 내용을 반복적으로 되풀이하여 틀리지 않기 위해서 중요한 것이 오답 노트를 활용하는 것입니다. 오답 노트는 해당 문제에서 자신의 약점이 무엇인지를 파악하고 약점을 보완할 수 있어 효율적인 공부 방법이라고 할 수 있습니다.

오답 노트의 풀이 및 정답 등은 자필로 사용하는 것이 좋으며, 반복 풀이가 효율적이므로 컴퓨터를 이용하여 문제를 입력할 수 있다면 컴퓨터로 문제를 입력한 후 풀이 과정과 정답, 풀이 횟 수 등을 빈 공간으로 만들어 인쇄한 후 여러 번에 걸쳐서 풀어보고 경우에 따라 문제도 직접 입력하여 사용할 수 있도록 기본 틀만 만들어 인쇄 후 사용하는 것도 좋습니다.

한 눈에 쏙 들어오는 오답 노트 작성법

• 오답 문제와 풀이 과정을 기록하며, 핵심 내용을 따로 만들어 기록합니다.
• 문제를 풀면서 자주 오답으로 풀게 된 원인을 짧게 기록합니다.
• 오답 문제의 반복 풀이 횟 수를 기록하도록 만듭니다.
• 오답 문제와 비슷한 유형의 문제를 기록하여 풀어봅니다.
• 오답 문제와 비슷한 유형의 문제를 직접 만들어봅니다.

오답 노트 유형

▶ 오답 문제 복사하여 오답 노트 만들기

문제집에서 풀었던 오답 문제를 오리거나 복사한 후 별도의 오답 노트에 붙여 넣고 문제 풀이 당시의 오답으로 풀었던 문제점과 잘못된 부분 등을 기록하고 다음에 해당 문제를 풀이할 때에 기억해야 할 내용을 기록합니다.

▶ 오답 문제 직접 입력하기

별도의 오답 노트에 오답 문제를 직접 입력하고 올바른 풀이 과정과 정답 등을 기재하는 방법으로 시간은 오래 걸리지만 틀린 문제를 다시 차근차근 정리하며 기억할 수 있어 효과적으로 공부할 수 있습니다.

▶ 오답 문제 및 핵심 공식 기록하기

오답 문제와 필요한 공식을 기록하여 작성한 후 풀이 과정과 정답 등을 빈 공간으로 만들어 복사하거나 컴퓨터 문서로 만들어 여러 번에 걸쳐 문제 풀이를 반복하는 학습 방법입니다.

수학 문제 만들기

익힘책 Ⅰ. 실수와 그 연산 ~ Ⅲ. 이차함수 까지 각 단원을 응용하여 00개의 문제를 작성하고 풀이 과정과 정답을 별도로 구분하여 작성하세요. (반드시 풀이과정, 답 적기)

○ 예상 결과물 미리보기

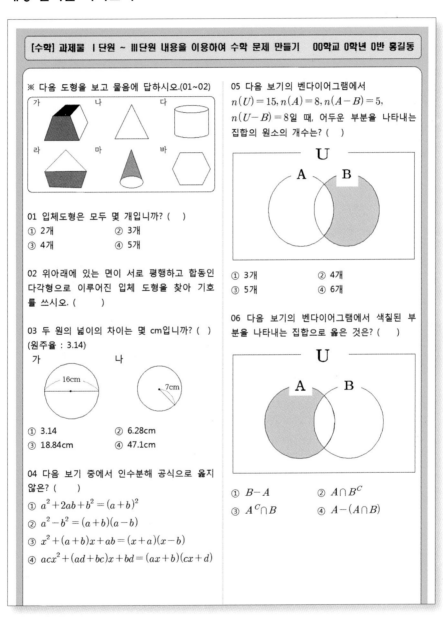

[한글 프로그램의 사용 기능 및 순서]

한글 문서의 용지 설정하기 / 바탕쪽 사용 및 문서의 단 나누기 / 도형 및 그리기 조각 사용하기 / 수식 입력하기

01 한글 문서의 용지 설정하기

① 한글 문서에서 키보드의 F7을 누른 후 [편집 용지] 대화상자에서 용지 종류(A4), 용지 방향(세로), 여백(위쪽 – 30, 아래쪽/왼쪽/오른쪽 – 10, 머리말/꼬리말 – 0)을 수정한 다음 [설정] 단추를 클릭합니다.

02 바탕쪽 사용하기

① [쪽] 탭-[쪽 모양] 그룹에서 [바탕쪽]을 선택합니다.

② [바탕쪽] 대화상자가 표시되면 종류(양 쪽) 및 적용 범위(현재 구역에서)를 확인한 후 [만들기] 단추를 클릭합니다.

③ 바탕쪽 편집 화면으로 전환되면 [편집] 탭-[입력] 그룹에서 [도형]-□[직사각형]을 클릭한 후 문서에 직사각형 도형을 작성합니다.

④ [도형] 탭-[크기] 그룹에서 크기(가로 – 205, 세로 – 290)를 수정한 후 [스타일] 탭에서 [채우기]-[노랑]을 선택한 다음 도형이 문서의 가운데 위치하도록 이동합니다.

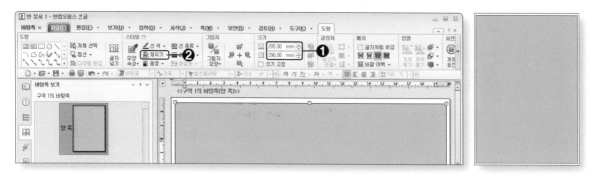

⑤ 같은 방법으로 [직사각형] 도형을 위쪽과 아래쪽에 각각 삽입한 후 크기 및 채우기 색을 지정합니다.
- 위쪽 도형 : 크기(가로 – 195, 세로 – 12), 채우기(초록 90% 밝게)
- 아래쪽 도형 : 크기(가로 – 195, 세로 – 265), 채우기(하양)

⑥ 위쪽 직사각형 도형에서 마우스 오른쪽 단추를 눌러 바로 가기 메뉴의 [도형 안에 글자 넣기]를 선택한 후 수행과제 제목과 이름 등을 입력한 다음 글꼴 서식을 수정합니다.
- 글꼴(HY헤드라인M), 글자 크기(12), 제목만 – 글자 색(파랑)

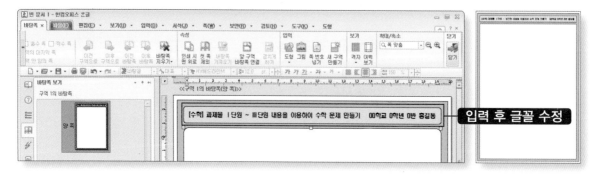

⑦ 위쪽 도형을 더블클릭하거나 키보드의 P를 눌러 [개체 속성] 대화상자가 표시되면 [선] 탭에서 사각형 모서리 곡률의 곡률 지정(15%)을 입력한 후 [설정] 단추를 클릭합니다.

⑧ 같은 방법으로 아래쪽 도형에도 모서리 곡률(2%)를 수정한 후 [바탕쪽] 탭-[닫기] 그룹에서 [닫기]를 클릭합니다.

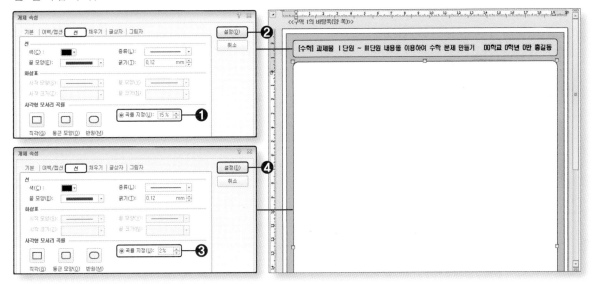

(03) 문서의 단 나누기

① [쪽]-[다단 설정]을 클릭한 후 [단 설정] 대화상자가 표시되면 단 종류(일반 다단), 단 개수(2)를 수정합니다. [구분선 넣기]를 클릭하여 체크 표시한 후 종류(점선), 굵기(0.12), 색(파랑) 등을 수정한 다음 [설정] 단추를 클릭합니다.

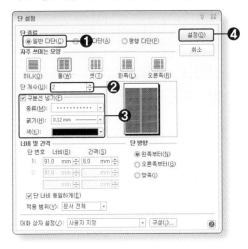

② 문서가 2개의 단으로 나누어집니다.

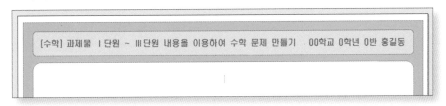

도형 및 그리기조각 사용하기

① 문서의 첫 줄에 다음과 같이 문제 내용을 입력한 후 도형을 삽입하기 위해 [입력] 탭-[개체] 그룹에서
   □[직사각형] 도형을 선택한 다음 마우스를 드래그하여 문서에 삽입하고 [도형] 탭-[배치] 그룹에서
   [글자처럼 취급]을 체크합니다.

   • 글꼴(맑은 고딕), 글자 크기(12)

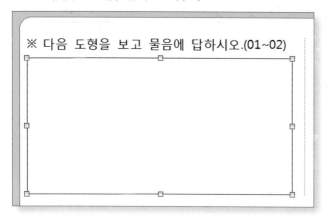

② 도형에서 마우스 오른쪽 단추를 눌러 바로 가기 메뉴의 [도형 안에 글자 넣기]를 선택합니다.

③ 도형을 더블클릭하여 [개체 속성] 대화상자가 표시되면 [선] 탭에서 사각형 모서리 곡률의 곡률 지정
   (5%)을 수정한 후 [글상자] 탭에서 속성의 세로 정렬(▣)을 선택하고 [설정] 단추를 클릭합니다.

④ 도형 안에 보기 내용을 입력한 후 그리기조각을 삽입하기 위해 [입력] 탭-[개체] 그룹에서 [그리기마
   당]을 클릭한 다음 [그리기마당] 대화상자의 [그리기조각] 탭에서 선택할 꾸러미(도형(입체)) 및 개체
   목록(육면체5)를 선택하고 [넣기] 단추를 클릭합니다.

⑤ 같은 방법으로 [도형(입체)] 및 [기본 도형]의 그리기조각을 이용하여 보기의 도형을 삽입합니다.

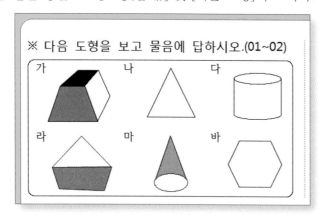
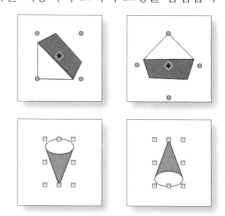

도형 회전하기

[도형] 탭-[회전/대칭] 그룹에서 [개체 회전] 및 [왼쪽으로 90도 회전], [오른쪽으로 90도 회전], [좌우 대칭], [상하 대칭] 등을 이용
하여 도형을 회전할 수 있습니다.

⑥ 문제 01 ~ 03번 문제를 입력한 후 도형을 삽입하기 위해 [입력] 탭-[개체] 그룹에서 ◯[타원]을 클릭한 다음 문서에 드래그하여 타원 도형을 삽입합니다.

⑦ 같은 방법으로 ＼[직선] 및 ⌒[호]를 이용하여 도형을 삽입합니다.

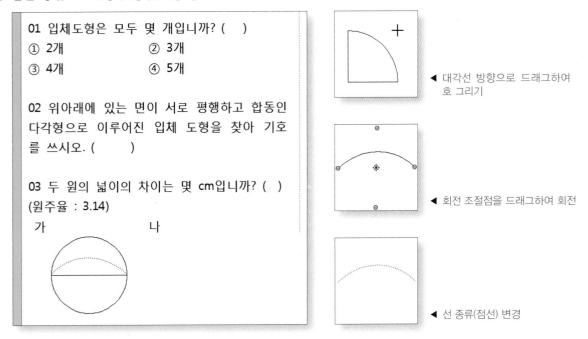

◀ 대각선 방향으로 드래그하여 호 그리기

◀ 회전 조절점을 드래그하여 회전

◀ 선 종류(점선) 변경

⑧ [입력] 탭-[개체] 그룹의 ▦[가로 글상자]를 이용하여 중심점과 텍스트를 작성하고 같은 방법으로 나머지 도형도 함께 작성합니다.

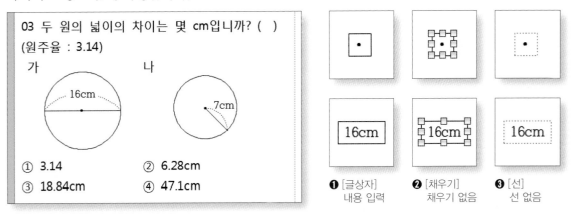

❶ [글상자] 내용 입력 ❷ [채우기] 채우기 없음 ❸ [선] 선 없음

⑨ 03번 문제의 보기 '가'에 해당하는 임의의 도형을 선택한 후 [도형] 탭-[도형] 그룹에서 [개체 선택]을 클릭한 후 보기 '가'에 해당하는 도형이 포함 되도록 드래하여 도형을 모두 선택한 다음 키보드의 ⒼG를 눌러 하나의 개체로 묶습니다.

> **개체 묶기 및 개체 풀기**
> • **개체 묶기** : 묶을 도형을 모두 선택한 후 [도형] 탭-[정렬] 그룹에서 [개체 묶기]를 클릭하거나 키보드의 G를 누릅니다.
> • **개체 풀기** : 묶여진 도형 개체를 선택한 후 [도형] 탭-[정렬] 그룹에서 [개체 풀기]를 클릭하거나 키보드의 U를 누릅니다.

⑩ 같은 방법으로 보기 '나'에 해당하는 도형을 하나의 개체로 묶은 후 키보드의 Esc를 누르면 [개체 선택] 기능이 해제됩니다.

05 수식 입력하기

① 문제 및 보기 번호를 입력한 후 수식을 입력하기 위해 [입력] 탭–[개체] 그룹에서 [수식]을 클릭합니다.

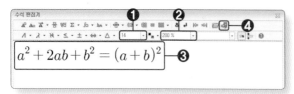

> **04** 다음 보기 중에서 인수분해 공식으로 옳지 않은? (   )
>
> ①

② [수식 편집기] 대화상자가 표시되면 글자 크기(14) 및 화면 확대(200%)를 수정합니다. 수식 입력란에 'a'를 입력한 후 도구 상자에서 🔼[위첨자]를 클릭한 다음 '2'를 입력하고 Tab 을 누릅니다.

③ 같은 방법으로 다음과 같이 수식을 입력하고 🔌[넣기] 단추를 클릭합니다.

수식 편집기의 도구 모음 살펴보기

❶ 위첨자	❷ 아래첨자	❸ 장식 기호	❹ 분수	❺ 근호	❻ 합
❼ 적분	❽ 극한	❾ 상호 관계	❿ 괄호	⓫ 경우	⓬ 세로 쌓기
⓭ 행렬	⓮ 줄 맞춤	⓯ 줄 바꿈	⓰ 이전 항목	⓱ 다음 항목	⓲ MathML파일불러오기
⓳ 넣기	⓴ 그리스 대문자	㉑ 그리스 소문자	㉒ 그리스 기호	㉓ 합. 집합 기호	㉔ 연산, 논리 기호
㉕ 화살표	㉖ 기타 기호	㉗ 글자 크기	㉘ 글자 색	㉙ 화면 확대	㉚ 명령어 입력
㉛ 글자 단위 입력	㉜ 줄 단위 입력	㉝ 도움말			

④ 같은 방법으로 수식을 이용하여 나머지 보기 내용을 입력합니다.

> **04** 다음 보기 중에서 인수분해 공식으로 옳지 않은? (   )
>
> ① $a^2 + 2ab + b^2 = (a+b)^2$
> ② $a^2 - b^2 = (a+b)(a-b)$
> ③ $x^2 + (a+b)x + ab = (x+a)(x-b)$
> ④ $acx^2 + (ad+bc)x + bd = (ax+b)(cx+d)$

⑤ 문제 05 ~ 06에 그리기마당의 그리기조각(과학(집합기호))을 이용하여 나머지 문제를 입력합니다.

> 문제 내용은 27 페이지의 예상 결과물 미리보기를 참고하여 작성합니다.

Exercise

[수학] 1학기 기말 시험 및 단원별 테스트 문제의 오답 노트를 만들어 제출하시오.

- **편집 용지** : A4(국배판), 방향(세로), 여백(위쪽 - 25, 왼쪽/오른쪽/아래쪽 - 10, 머리말/꼬리말 - 0)
- **바탕쪽** : 도형을 이용하여 바탕쪽을 만들며 크기, 모양, 색, 글꼴, 효과 등을 임의로 지정
- **단 설정 및 도형, 그리기조각, 수식** : 결과 화면을 참고하여 임의로 설정
- **저장** : 오답노트.hwp

[수학] 수행평가 오답 노트 만들기　　00학교 00반 00번 이름 : 홍길동

01 보기의 사각기둥 전개도를 그려보시오.

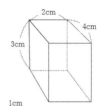

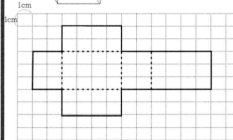

02 보기의 각기둥 이름을 쓰시오.

(1)　　　　　　　　(2)

（　사각기둥　）　　（　삼각기둥　）

03 두 분수 $\dfrac{45}{7}$와 $\dfrac{63}{4}$의 어느 것에 곱해도 그 결과가 자연수가 되는 가장 작은 기약분수를 구하시오.

구하는 분수를 $\dfrac{a}{b}$라 하면 a는 7과 4의 최소공배수이고 b는 45와 63의 최소공약수이다. 따라서 $a = 28, b = 9$이므로 구하는 분수는 $\dfrac{28}{9}$이다. 정답 : $\dfrac{28}{9}$

04 원 안에 마름모를 그린 것입니다. 색칠한 부분의 넓이는 몇 ㎠입니까?(1)(원주율 : 3.14)

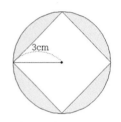

① 10.26 ㎠　　　② 18 ㎠
③ 18.26 ㎠　　　④ 28.26 ㎠

풀이)
원의 넓이 : 3.14*9 = 28.26
마름모 넓이 : (6*6)/2 = 18
색칠한 부분 : 28.26-18 = 10.26

05 다음 보기를 계산하여 풀이 및 정답을 쓰시오.

$$\left\{\left(-\frac{1}{3}\right)^2 \times \frac{9}{5} - \frac{2}{3}\right\} \div \left(-\frac{7}{10}\right) + (-1)^3$$

풀이)

$$\left\{\left(-\frac{1}{3}\right)^2 \times \frac{9}{5} - \frac{2}{3}\right\} \div \left(-\frac{7}{10}\right) + (-1)^3$$
$$= \left\{\frac{1}{9} \times \frac{9}{5} - \frac{2}{3}\right\} \div \left(-\frac{7}{10}\right) + (-1)$$
$$= \left(\frac{1}{5} - \frac{2}{3}\right) \div \left(-\frac{7}{10}\right) + (-1)$$
$$= \left(-\frac{7}{15}\right) \times \left(-\frac{10}{7}\right) + (-1)$$
$$= \frac{2}{3} + (-1) = -\frac{1}{3}$$

정답) $-\dfrac{1}{3}$

04 감상문 작성요령 알아보기

감상문이란 책 및 음악이나 미술 등 작품 감상과 영화, 예술 공연 등을 관람한 후 인상 깊었던 점이나 자신의 감상평 등을 기록하는 것입니다. 감상문은 공연이나 작품의 내용을 되살려 기억하고 그 감동과 교훈, 느낌 등을 오래 간직하기 위해 기록하는 글로, 자기 자신의 사고력을 높이고 감정을 풍부하게 하는 등 개인의 능력을 발전시키는 밑거름이 될 것입니다.

감상문의 종류

▶ 독서 감상문

글의 간략한 줄거리와 함께 글을 읽고 느낀 점과 감명 깊은 내용에 대한 자신의 생각을 서술하는 것으로 독서 감상문을 쓸 때는 먼저 글머리에 책을 읽게 된 동기와 책의 느낀 점 등을 기록하며 시작합니다. 그 후 책의 전체적인 줄거리 요약과 함께 특정 문장에서의 감동받은 내용과 자신의 생각 등을 중심적으로 기록합니다. 그리고 마지막으로 책을 통해 읽는 이에게 의도하는 저자의 생각을 추론해보며 자신의 생각을 정리하면서 글을 마무리합니다.

▶ 영화/연극/공연 감상문

감상문의 특징처럼 특별한 형식 없이 영화/연극/공연 등 작품을 감상한 후 느낌이나 감상 내용을 위주로 적는 것이 좋습니다. 특히, 감상 내용에 대한 느낀점을 '좋았다', '재미있었다' 등으로 짧게 마무리하는 것보다 구체적으로 인상적인 장면에 대한 느낌, 등장 인물의 행동과 사건의 의미를 직접 주인공이 되어 생각해보고 인물의 감정과 동기 등을 풀어 정리한 후 글로 옮긴다면 좋은 감상문을 작성할 수 있을 것입니다.

▶ 음악 감상문

음악 감상문의 제목과 함께 작곡자의 소개와 음악 작품의 간략한 해설을 기록하고 음악을 듣고 느낀 감동에 대해 솔직하게 기록합니다.

▶ 미술 감상문

미술 전시회 등을 통해 감상한 작품에 대한 느낌을 글로 적은 것으로 전시회의 장소와 일시, 감상한 작품명과 만든이 등을 정확하게 기재해야 합니다. 또한 작품 사진과 함께 작품을 소개하는 내용을 간략하게 기재하고 끝으로 작품 감상에 대한 느낀점을 자세하게 기록합니다.

감상문의 유형

- 느낌을 중심으로 한 감상문
- 일기 형식으로 한 감상문
- 편지 형식으로 한 감상문
- 시 형식으로 한 감상문

독서 감상문 만들기

청소년 권장도서 목록 중에서 원하는 도서를 선택하여 읽고 한글 문서에 독서 감상문을 작성하여 제출하시오. (한글 문서 : A4용지, 글꼴 크기 10 포인트 기준 2장 내외)

● 예상 결과물 미리보기

[수행평가] 독서 감상문　　　　　　00학교 0반 0번 이름 : 이시온

가족의 소중함
- '어린왕자' 를 읽고-

　　주말 아침부터 만화책에서 손을 떼지 못하는 내게 아빠가 어릴 적 재미있게 보았다고 주신 책 하나가 있습니다. 바로 '어린 왕자'란 책입니다. 아빠도 시간 가는 줄 모르고 읽었다는 말에 첫 장을 넘기는데 만화에 익숙해서인지 처음 글이 제대로 들어오지 않았습니다.

　　며칠을 책상 위에서 머무르고 있던 '어린 왕자'는 어느 날 나의 무료함에 책장을 넘기게 만들었고 바로 시간 가는 줄 모르고 책 읽는 재미에 푹 빠지게 만들었습니다.

　　B612라는 조그만 소행성에서 살아가는 어린 왕자가 장미 한 송이를 위해 매일 물도 주고 유리 덮개를 덮어 주며 바람도 막아주는 등 정성을 다해 키우며 보살펴 주지만 더욱더 요구가 많아지는 장미와의 작은 다툼으로 다른 별들의 여행을 결심합니다.

　　어린 왕자가 여러 행성들을 여행하며, 행성 주인들이 정작 중요한 것은 놓치고 살아가는 것을 느낍니다. 또 여행의 마지막 행성인 지구에서 정원 가득 피어있는 수많은 장미를 보고 나의 별에 있는 장미도 수많은 장미 중의 하나 였음을 알게 됩니다. 어느 날 외로웠던 어린 왕자는 여우를 만나게 되고 친구가 되어 달라고 제안합니다. 여우는 친구가 되기 위해서는 길들여 저야 하며, 길들여지기 위해서는 많은 시간을 서로 매일 만나며 특별한 시간을 많이 가져야 한다고 이야기합니다. 그리고 그렇게 매일 특별한 시간을 갖은 여우와 서로 친구가 됩니다. 그리고 어느 날 여우가 전에 보았던 장미가 가득한 정원에 다시 갔다 오라고 할 때에 어린 왕자는 수많은 장미를 보며, 세상에 장미는 많지만 자신에게 길들여진 장미는 단 한송이 밖에 없는 특별한 존재라는 것을 깨닫고 다시 자기의 별로 가는 이야기입니다.

　　나는 이 책을 읽으며, 내가 가장 소중하게 여기는 가족에 대해 생각해 보았습니다. 나의 엄마, 아빠……. 내가 아닌 누군가에게는 그냥 아저씨, 아줌마일 수 있지만 나에게는 그 누구보다 소중한 엄마와 아빠가 아닌가 생각하게 되었습니다. 내가 아닌 다른 사람에게 아저씨, 아줌마인 나의 엄마와 아빠를 소중하게 생각하고 더욱 사랑하며 살아야 하겠다는 생각이 들었습니다.

　　사랑하는 가족이라도 언젠가 부모님의 생각과 나의 생각이 달라 다툼도 생길 수 있을 것입니다. 그럴 때마다 곁에 두고 '어린 왕자' 책을 읽으며, 사랑하는 가족의 소중함을 생각해야 할 것 같습니다.

- 1 -

[한글 프로그램의 사용 기능 및 순서]

머리말/꼬리말 및 문단 띠 삽입하기 / 쪽 번호 매기기(새 번호로 시작) / 맞춤법 검사 / 찾아 바꾸기 / 원고지 쓰기

머리말/꼬리말 및 문단 띠 삽입하기

① 한글 2010의 빈 문서에서 다음과 같이 용지를 설정한 후 독서 감상문을 입력합니다.

- 편집 용지 : 용지 종류(A4), 방향(세로), 여백(위쪽/아래쪽/왼쪽/오른쪽 - 20, 머리말/꼬리말 - 10)
- 제목 : 글꼴(HY헤드라인M), 글자 크기(20), 가운데 정렬(톨)
- 내용 : 글꼴(함초롬바탕), 글자 크기(12), 첫 줄(들여쓰기 - 10), 간격(문단 아래 - 5)

가족의 소중함
- '어린 왕자' 를 읽고-

　　주말 아침부터 만화책에서 손을 떼지 못하는 내게 아빠가 어릴적 재미있게 보았다고 주신 책 하나가 있습니다. 바로 '어린왕자'란 책입니다. 아빠도 시간 가는 줄 모르고 읽었다는 말에 첫 장을 넘기는데 만화에 익숙해서인지 처음 글이 제대로 들어오지 않았습니다.

　　며칠을 책상 위에서 머무르고 있던 '어린왕자'는 어느 날 나의 무료함에 책장을 넘기게 만들었고 바로 시간 가는줄 모르고 책 읽는 재미에 푹 빠지게 만들었습니다.

　　B612라는 조그만 소행성에서 살아가는 어린왕자가 장미 한송이를 위해 매일 물도 주고 유리 덮게를 덮어 주며 바람도 막아주는 등 정성을 다해 키우며 보살펴 주지만 더욱 더 요구가 많아지는 장미와의 작은 다툼으로 다른 별들의 여행을 결심합니다.

　　어린왕자가 여러 행성들을 여행하며, 행성 주인들이 정작 중요한 것은 놓치고 살아가는 것을 느낍니다. 또 여행의 마지막 행성인 지구에서 정원 가득 피어있는 수 많은 장미를 보고 나의 별에 있는 장미도 수많은 장미 중의 하나 였음을 알게됩니다. 어느날 외로웠던 어린왕자는 여우를 만나게 되고 친구가 되어 달라고 제안합니다. 여우는 친구가 되기 위해서는 길들여 저야하며, 길들여 지기 위해서는 많은 시간을 서로 매일 만나며 특별한 시간을 많이 가져야 한다고 이야기합니다. 그리고 그렇게 매일 특별한 시간을 갖은 여우와 서로 친구가 됩니다. 그리고 어느날 여우가 전에 보았던 장미가 가득한 정원에 다시 갔다 오라고 할 때에 어린왕자는 수많은 장미를 보며, 세상에 장미는 많지만 자신에게 길들여진 장미는 단 한송이 밖에 없는 특별한 존재라는 것을 깨닫고 다시 자기의 별로 가는 이야기입니다.

　　나는 이 책을 읽으며, 내가 가장 소중하게 여기는 가족에 대해 생각해 보았습니다. 나의 엄마, 아빠... 내가 아닌 누군가에게는 그냥 아저씨, 아줌마일 수 있지만 나에게는 그 누구보다 소중한 엄마와 아빠가 아닌가 생각하게 되었습니다. 내가 아닌 다른 사람에게 아저씨, 아줌마인 나의 엄마와 아빠를 소중하게 생각하고 더욱 사랑하며 살아야 하겠다는 생각이 들었습니다.

　　사랑하는 가족이라도 언젠가 부모님의 생각과 나의 생각이 달라 다툼도 생길 수 있을 것입니다. 그럴 때마다 곁에 두고 '어린왕자' 책을 읽으며, 사랑하는 가족의 소중함을 생각해야 할 것 같습니다.

독서 감상문 샘플 예시

독서 감상문 샘플 예시가 필요한 경우 [Ch04] 폴더의 '어린 왕자.hwp' 파일을 참고합니다.

② 머리말을 삽입하기 위해 [쪽]-[머리말/꼬리말] 메뉴를 선택합니다.

머리말 삽입하기

[쪽] 탭-[쪽 모양] 그룹에서 [머리말]을 클릭한 후 목록에서 머리말 모양을 선택하거나 [머리말/꼬리말]을 선택한 후 [머리말/꼬리말] 대화상자에서 설정할 수 있습니다.

③ [머리말/꼬리말] 대화상자가 표시되면 종류(머리말) 및 위치(양 쪽), 머리말/꼬리말마당(없음)을 선택한 후 [만들기] 단추를 클릭합니다.

꼬리말 사용하기

[쪽]-[머리말/꼬리말] 메뉴를 선택한 후 [머리말/꼬리말] 대화상자에서 종류를 [꼬리말]로 선택하고 옵션을 지정하면 꼬리말 영역으로 이동할 수 있습니다.

④ 머리말 영역에 커서가 위치하면 머리말 내용을 입력한 후 글꼴 서식을 수정합니다.

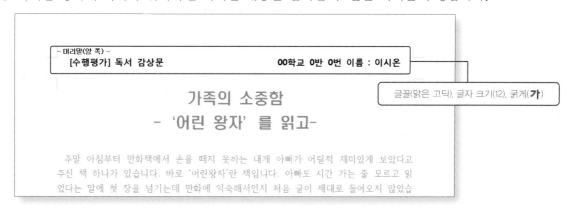

⑤ 머리말 영역의 내용 뒤에서 **Enter**를 눌러 다음 줄로 이동한 후 [입력]-[개체]-[문단 띠] 메뉴를 선택합니다.

⑥ 문단 띠가 문서에 삽입됩니다.

> [수행평가] 독서 감상문   00학교 0반 0번 이름 : 이시온
> ───
>
> **가족의 소중함**
> **- '어린 왕자' 를 읽고-**
>
> 주말 아침부터 만화책에서 손을 떼지 못하는 내게 아빠가 어릴적 재미있게 보았다고
> 주신 책 하나가 있습니다. 바로 '어린왕자'란 책입니다. 아빠도 시간 가는 줄 모르고 읽
> 었다는 말에 첫 장을 넘기는데 만화에 익숙해서인지 처음 글이 제대로 들어오지 않았습

머리말/꼬리말 지우기

• 머리말 영역에서 [머리말/꼬리말] 탭-[머리말/꼬리말] 그룹의 [지우기]를 클릭한 후 현재의 머리말을 지울것인지 묻는 대화상자가 표시되면 [지움] 단추를 클릭합니다.
• 여러 개의 머리말/꼬리말이 삽입된 경우 [보기]-[표시/숨기기]-[조판 부호]를 클릭하면 문서 영역에 붉은 색 글자로 머리말 또는 꼬리말의 텍스트가 표시되며, 삭제할 머리말 또는 꼬리말 텍스트를 드래그한 후 **Delete**를 누르면 삭제할 수 있습니다.

02 쪽 번호 매기기

① 문서 하단에 쪽 번호를 삽입하기 위해 [쪽]-[쪽 번호 매기기] 메뉴를 선택합니다.

② [쪽 번호 매기기] 대화상자가 표시되면 번호 위치(가운데 아래) 및 번호 모양(1,2,3)을 선택한 후 [줄표 넣기]의 체크를 확인한 다음 [넣기] 단추를 클릭합니다.

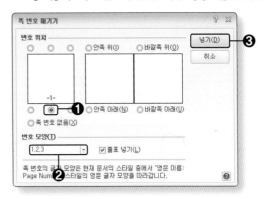

② 문서의 가운데 아래쪽에 쪽 번호가 표시됩니다.

> 　　사랑하는 가족이라도 언젠가 부모님의 생각과 나의 생각이 달라 다툼도 생길 수 있을
> 것입니다. 그럴 때마다 곁에 두고 '어린왕자' 책을 읽으며, 사랑하는 가족의 소중함을 생
> 각해야 할 것 같습니다.
>
> 　　　　　　　　　　　　　　　　　　　- 1 -

새 번호로 시작하기

- 문서의 쪽 번호를 1페이지가 아닌 특정 페이지부터 시작되도록 설정하는 방법입니다.
- [쪽]-[새 번호로 시작] 메뉴를 선택한 후 [새 번호로 시작] 대화상자에서 번호 종류(쪽 번호)의 선택 및 시작 번호를 입력한 다음 [넣기] 단추를 클릭하여 변경합니다.

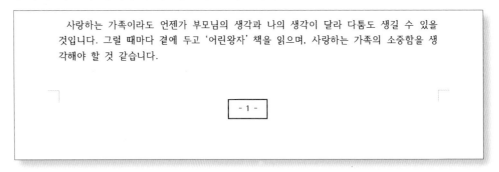

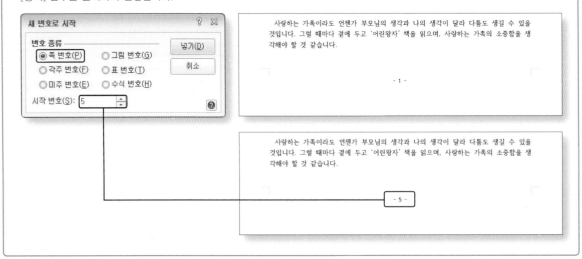

03 맞춤법 검사하기

① 문서 내용의 맞춤법 검사를 실행하기 위해 커서를 문서 내용의 가장 처음 위치에 클릭한 후 [도구]–[맞춤법] 메뉴를 선택하거나 키보드의 F8을 누릅니다.

> **맞춤법 검사**
>
> 맞춤법 검사란 띄어쓰기 및 오자, 탈자 등을 검사하기 위한 방법으로 문서의 전체를 검사할 경우 커서를 문서의 처음 위치로 이동한 후 맞춤법 검사를 실행합니다. 특정 위치만 검사할 경우 마우스로 드래그하여 해당 영역을 블록 지정한 다음 맞춤법 검사를 실행합니다.

② [맞춤법 검사/교정] 대화상자가 표시되면 [시작] 단추를 클릭합니다.

> **맞춤법 검사의 표시 색 알아보기**
>
> - ● [파란색] : 틀린 낱말이 없을 때 표시됩니다.
> - ● [초록색] : 문장 부호 오류, 높임말 오류 등과 같은 1단계 오류에 표시됩니다.
> - ● [노란색] : 사전에 없는 말, 중복 어절 사용, 부호 뒤 빈칸 입력 등 2단계 오류에 표시됩니다.
> - ● [빨간색] : 철자 오류, 오용어 사용, –이/–히 오류 등 3단계 오류로 꼭 수정해야 할 오류에 표시됩니다.

③ 맞춤법 및 띄어쓰기 등으로 수정할 단어가 표시되면 바꿀 말과 추천하는 말 등을 확인하고 수정이 필요한 경우 [바꾸기] 단추를, 수정할 필요가 없는 경우 [지나감] 단추를 클릭하며 맞춤법을 검사합니다.

> **인터넷을 이용한 맞춤법 검사하기**
>
> - 한글 문장의 틀리기 쉬운 오류(오자, 탈자, 띄어쓰기 등)를 수정하는 맞춤법 검사는 인터넷을 이용하여 검사할 수도 있습니다.
> - 사용 방법은 다음(daum.net), 네이버(naver.com) 등의 인터넷 검색 사이트에서 '맞춤법 검사기'를 검색한 후 맞춤법 검사기 화면에서 텍스트 내용을 입력 또는 복사 후 붙여넣기하여 검사할 내용을 삽입한 후 [검사] 단추를 클릭하여 검사합니다. 맞춤법 및 띄어쓰기, 표준어 의심단어 등을 색으로 구분하여 수정한 후 화면에 표시합니다.

④ 맞춤법 검사 과정에서 [맞춤법 검사기] 대화상자에 맞춤법 검사가 완료 되었다는 메시지가 표시되면 [확인] 단추를 클릭합니다.

[맞춤법 검사기] 대화상자의 검사 진행하기

문서의 가장 처음 부분이 아닌 임의의 위치에서 맞춤법 검사를 실행한 경우 문서의 끝까지 맞춤법을 검사한 후 [맞춤법 검사기] 대화상자를 표시하는데 여기서 [검사] 단추를 클릭하면 문서의 가장 처음 부분부터 다시 맞춤법 검사를 진행하고 [취소] 단추를 클릭하면 맞춤법 검사를 종료합니다.

⃝4 찾아 바꾸기

① 문서의 전체 내용에서 '어린왕자' 단어를 '어린 왕자'로 모두 바꾸기 위해 문서 안에 커서가 클릭된 상태에서 [편집]-[찾기]-[찾아 바꾸기] 메뉴를 선택합니다.

② [찾아 바꾸기] 대화상자가 표시되면 찾을 내용(어린왕자) 및 바꿀 내용(어린 왕자)을 입력한 후 찾을 방향(문서 전체)을 선택한 다음 [모두 바꾸기] 단추를 클릭합니다.

③ 바꾸기 결과가 대화상자로 표시되면 [확인] 단추를 클릭한 후 [찾아 바꾸기] 대화상자에서 [닫기] 단추를 클릭하여 종료합니다.

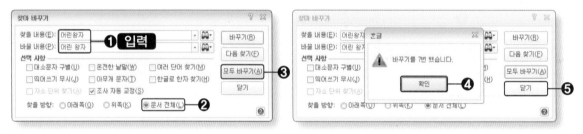

④ 문서 안의 '어린왕자' 단어가 '어린 왕자'로 모두 바뀝니다.

서식 지정하여 찾아 바꾸기

[찾아 바꾸기] 대화상자에서 찾을 내용 및 바꿀 내용에 같은 단어를 입력한 후 바꿀 내용의 [서식 찾기] 단추를 클릭한 다음 [바꿀 글자모양]을 클릭합니다. [글자 모양] 대화상자에서 글꼴 서식을 수정한 후 [설정] 단추를 클릭한 다음 [찾아 바꾸기] 대화상자의 찾을 방향(문서 전체)을 선택하고 [모두 바꾸기]를 클릭하면 특정 단어에만 서식을 바꿀 수 있습니다.

○5 원고지 쓰기

① 문서 안에 커서가 클릭된 상태에서 [쪽]−[원고지] 메뉴를 클릭합니다.

② [원고지] 대화상자가 표시되면 원고지 목록의 서식 파일(200자 원고지(A4 용지)−빨강)을 선택한 후 [현재 문서에서 내용을 가져다 채움]을 클릭하여 체크한 다음 [열기] 단추를 클릭합니다.

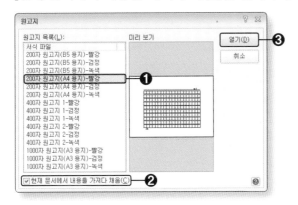

새로운 원고지 문서 열기

[원고지] 대화상자에서 원고지 목록의 서식 파일을 선택한 후 [현재 문서에서 내용을 가져다 채움]을 체크 해제하고 [열기] 단추를 클릭하면 새로운 원고지 문서를 열 수 있습니다.

③ 문서의 내용이 원고지 문서에 채워져 표시되면 원고지의 첫 페이지를 다음과 같이 수정한 후 저장합니다.

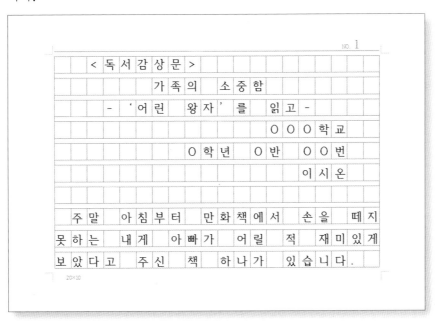

06 원고지 작성 방법 알아보기

❶ 글의 종류

원고지의 첫 줄은 글의 종류(독서 감상문, 시, 수필, 기행문 등)를 입력하며, 첫 번째 칸을 띄우고 입력합니다. 경우에 따라 글의 종류 바깥에 꺾은 괄호(부등호)를 사용하기도 합니다.

❷ 글의 제목

원고지의 두 번째 줄에 글의 제목을 입력하며, 가운데 위치하도록 입력합니다. 제목이 2~3글자일 경우 글자 사이를 두 칸 또는 세 칸을 띄우며 입력하고 부제목이 있을 경우 제목 아랫줄에 입력하며, 양 끝에 줄표(-)를 입력합니다.

❸ 소속(학교)

제목 아랫줄에 오른쪽을 기준으로 2~3칸을 비워 입력하며, 소속이 긴 경우 2줄에 걸쳐 입력하고 간단할 경우 이름과 같이 한 줄에 입력해도 됩니다.

❹ 이름

성과 이름을 붙여 쓰는 것이 기본이지만 이름이 4글자 또는 2글자인 경우 등 경우에 따라 띄어 쓸 수 있습니다.

❺ 본문 입력

글이 처음 시작할 경우 이름이 끝나고 한 줄을 띄운 다음 첫 칸을 비우고 두 번째 칸부터 입력합니다.

▷ 문단이 바뀌는 경우 : 줄을 바꾸어 첫 칸을 비우고 입력합니다.

▷ 온점(.)과 반점(,)으로 끝나는 경우 : 줄을 바꾸어 첫 칸부터 입력합니다.

▷ 마지막 칸에서 문장이 끝나는 경우 : 부호는 맨 마지막 칸의 밖에 입력합니다.

▷ 물음표(?)와 느낌표(!) 입력의 경우 : 다음 칸을 비웁니다.

▷ 줄임표 입력의 경우 : 단 줄임표(…)는 한 칸에 세 점씩 나누어 두 칸에 입력하고 뒤에 마침표를 찍습니다.

▷ 숫자 및 알파벳 입력의 경우 : 숫자나 알파벳은 한 칸에 한 글자씩 입력하는 것이 기본이지만 아라비아 숫자나 알파벳 소문자를 두 글자 이상 입력할 경우 한 칸에 두 글자씩 입력합니다.

Exercise

[국어] 최근 가장 감명 깊게 본 영화의 영화 감상문을 작성하여 제출하시오.

- 샘플문서 : 영화감상문.hwp
- 머리말, 문단띠, 쪽 번호 매기기 : 결과 화면을 참고하여 작성하며, 글꼴 서식은 임의로 설정
- 띄어쓰기 및 맞춤법 검사 실행
- 찾아 바꾸기 : 로리 ➡ 로리 오쉬

[수행평가] 영화 감상문   ○○학교 ○반 ○○번 이름 : 이시온

미래는 나 스스로 개척해 나아가는 것이다.

영화 제목 : 인사이드 아임 댄싱
감독 : 다미엔 오도넬
주연 : 로몰라 가레이, 제임스 맥어보이
종류 : 드라마
상영 시간 : 104분

이 영화는 장애관련 영화이다. 우연히 친한 친구와 영화 이야기를 하다 친구가 보고 감동을 받았다는 말에 인터넷을 통해 영화를 검색해 보았다. 영화 평을 보니 참 서글픈 영화 같아 보는 것에 조금 망설임도 있었지만 친구가 꼭 한 번 보라는 권유에 부모님과 함께 영화를 보게 되었다.

평생을 장애인 돌봄 시설에서 지내온 마이클은 약간의 팔을 움직이는 게 전부이다. 말은 알파벳 판을 보여주면 찍어서 단어 조합으로 소통한다. 그러다보니 다른 사람과 소통하는데도 많은 어려움을 겪는다.

이런 그에게 어느 날 시설에 새로 오게 된 로리 오 쉬를 만나는데 그는 손가락 두 개와 안면 근육만을 움직일 수 있는 드쉬엔느 근육퇴행증을 앓고 있지만 장애가 있음에도 자유롭게 인생을 즐길 줄 아는 밝은 청년이다.

두 사람은 언어장애가 심한 마이클의 말을 로리 오 쉬가 신기하게도 잘 통역해 내면서 둘은 절친이 된다.

장애인 보호 시설에서만 살아 왔던 마이클은 로리 오 쉬를 통해 복지시설 밖에도 세상이 있다는 것을 알게 되고 몰래 시설 밖의 생활을 경험하면서 행복함을 느끼고 둘은 자립을 선택하게 된다.

자립을 통해 로리 오 쉬는 마이클의 통역 역할을 해주며 함께 행복한 날을 보내던 어느 날 마이클은 자기를 도와주는 장애 보조사인 시반이란 여인을 좋아하게 되고 사랑고백을 하지만 장애의 벽 앞에 주저 않고 만다. 이런 마이클을 위해 함께 비를 맞으며 위로해 주었던 로리 오 쉬가 폐렴에 걸리게 되고 죽음에 직면하게 된다. 그런 그에게 마이클은 항상 독립에 거절당한 독립 신청서를 통과 받게 해 주고 그 통과 서류를 가지고 병원으로 가지만 로리 오 쉬는 이미 세상을 떠난다.

- ① -

- ② -

Part 2

그룹
과제물
대비하기

그룹 과제에 적합한 구글 드라이브 알아보기

구글 드라이브는 구글에서 제공하는 웹 저장 공간인 동시에 웹을 기반으로 한 문서작성 도구로 여러 사람이 파일을 공유하여 함께 그룹 과제물을 수행하기에 적합한 도구입니다.

구글 드라이브의 서비스 기능

첫째. 클라우드 서비스

구글 드라이브는 스마트폰과 컴퓨터 등에 저장된 다양한 자료를 클라우드 컴퓨팅을 활용하여 언제 어느 곳에서든지 자료를 사용할 수 있으며, 갱신된 내용을 바로 수정, 동기화하여 최신의 정보를 항상 제공합니다.

둘째. 다양한 OA 기능의 작성 서비스

구글 드라이브는 웹을 기반으로 워드 및 프레젠테이션, 스프레드시트 등의 OA 기능의 문서를 작성할 수 있고 간단한 다이어그램과 이미지 편집 및 설문조사의 설문지 작성 등의 다양한 기능의 문서를 작성할 수 있습니다.

셋째. 공유 및 협업 도구 서비스

구글 드라이브는 하나의 문서를 여러 명의 작업자가 동시에 작성 및 편집할 수 있으며, 개인이 작성한 문서를 서로 공유하여 서로 수정 및 보완 작업이 가능합니다. 또한 채팅 등으로 서로 대화를 하며 다양한 의견을 모아 작업할 수 있습니다.

넷째. 다양한 뷰어 및 정보 검색 서비스

구글 드라이브는 컴퓨터에 해당 프로그램이 설치되어 있지 않아도 동영상 및 이미지, PDF 문서 등 다양한 종류의 파일을 열 수 있으며, 작업에 필요한 정보 및 이미지, 동영상 등의 미디어를 또 다른 연결 없이 바로 검색하여 해당 자료를 사용할 수 있습니다.

구글 크롬 설치 및 사용자 계정 등록하기

① 인터넷 익스플로러를 실행하여 네이버 검색엔진으로 이동한 후 검색란에 '구글 크롬'을 입력하고 Enter를 눌러 검색한 다음 [구글 크롬]을 클릭합니다.

② 구글 크롬 사이트가 열리면 [Chrome 다운로드] 단추를 클릭합니다.

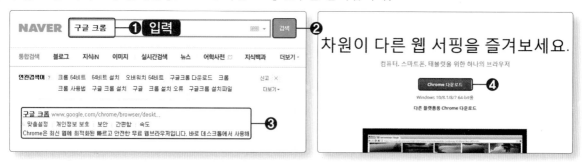

③ Windows용 크롬 다운로드 화면에서 [동의 및 설치] 단추를 클릭합니다.

④ 설치가 완료된 후 로그인 창이 표시되면 [계정 만들기]를 클릭한 후 [Google 계정 만들기] 화면에서 다음과 같이 계정 정보를 입력하고 [다음 단계]를 클릭합니다.

⑤ [개인정보 보호 및 약관] 화면이 표시되면 내용을 확인한 후 [동의] 단추를 클릭합니다.

⑥ 회원가입이 완료되고 새 이메일 주소가 표시되면 [계속] 단추를 클릭합니다. 구글 계정에 등록되어 화면 오른쪽 위에 본인의 계정 이름이 표시됩니다.

스마트폰으로 계정 등록하기

구글 계정의 경우 어린이 온라인 보호법으로 인해 대한민국 14세 이상이 되어야 구글 계정을 만들 수 있습니다. 하지만 스마트폰 (안드로이드)을 이용할 경우 나이 제한에 상관없이 바로 구글 계정을 만들 수 있습니다.

스마트폰을 이용한 구글 계정 등록 방법은 다음과 같습니다.

※ 다음 과정은 삼성 스마트폰을 기준으로 설명한 것이며, 기종에 따라 조금씩 차이가 있을 수 있습니다.

❶ 스마트폰에서 ⚙[설정]을 실행한 후 [계정]을 눌러 계정 목록이 표시되면 [계정 추가]를 실행합니다.

❷ Google 계정 추가 화면이 표시되면 [새 계정]을 클릭합니다.

❸ 계정을 만드는 과정인 이름 및 이메일 주소, 비밀번호 등을 입력하여 계정을 등록합니다.

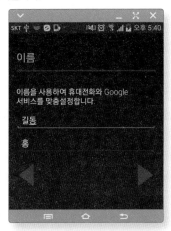

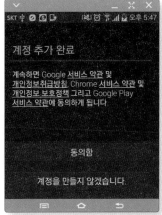

05 모둠별 협력과제 기획하기

모둠별 협력과제란 주어진 과제를 학생들이 서로 협력하여 결과물을 만들어가는 형태로 과제물을 해결하기 위해 서로의 역할을 분담하고 의견을 나누며, 소통과 공감을 통해 완성된 결과물을 만들어 나아가는 일련의 과정을 말합니다. 모둠별 협력과제는 결과보다는 과정을 중심으로 서로 협력하며 소외되는 학생들이 없이 모두가 흥미롭게 수업에 참여할 수 있도록 도와줄 수 있는 교육 방법이라고 할 수 있습니다.

모둠별 협력 과제의 장점

• 서로의 의견을 조율하고 함께 돕고 배우는 나눔과 배려의 과정을 배울 수 있습니다.
• 공통된 과제를 서로 유기적으로 참여하여 함께 해결했다는 성취감을 가질 수 있습니다.
• 소외되기 쉬운 학생들이 수업에 더욱 적극적으로 참여할 수 있도록 도와줍니다.
• 개인의 갈등과 따돌림의 요소를 소통과 공감으로 바꿀 수 있습니다.

협력 과제 해결을 위한 리더의 중요한 점

첫째. 포용력과 인내심, 희생을 발휘하라!

모둠의 리더는 엄청난 포용력과 인내심, 자기 희생이 필요합니다. 여러 사람이 함께 과제물을 해결하다 보면 피치못할 사정이 생겨 특정 인원의 맡은 부분에 문제가 생길 수도 있습니다. 이럴 경우 함께 해결하거나 팀장으로 조금 더 맡아 진행하는 자기 희생이 필요합니다.

둘째. 공정하게 과제 분량을 분배하라!

공정하게 과제를 분배라하는 의미는 분량을 똑같이 나누라는 것이 아니라 모둠 인원의 능력과 성향에 맞게 융통성 있는 분배를 해야 한다는 뜻입니다. 자료 수집은 잘하는데 말을 못하는 사람, 다른건 별로인데 아나운서 뺨치게 말을 잘하는 사람 등 각자의 소질과 능력에 맞게 분배를 하면 자신의 장점을 살려 보다 좋은 결과물을 만들 수 있을 것입니다.

셋째. 정확한 룰을 만들어라!

모둠 과제 해결을 위한 모임에 참여하지 않거나 각자 맡은 과제물을 해결하지 못할 경우 모둠 내에 다른 팀원들에게 불이익이 발생할 수 있습니다. 이럴 경우를 미리 대비하기 위해 몇 번의 모임에 불참시 간식을 제공한다는 등 초기에 규칙을 정하는 것이 좋습니다.

모둠 과제 해결을 위한 준비 사항

• 모둠의 리더를 정해야 합니다.
• 서로의 연락처를 알고 있어야 합니다.
• SNS나 단체 채팅방으로 서로의 의견을 나눌 수 있도록 공유해야 합니다.
• 모둠 회의시 회의 내용을 기록하거나 정리하는 사람이 필요합니다.
• 모둠 인원의 협력을 위한 마음가짐이 중요합니다.

모둠별 조사 자료 공유하기

우리 주변에서 쉽게 볼 수 있는 전단지나 간판 등에서 잘못된 우리말을 찾아 사진으로 찍어 모둠별로 통합하여 제출하시오.

○ 예상 결과물 미리보기

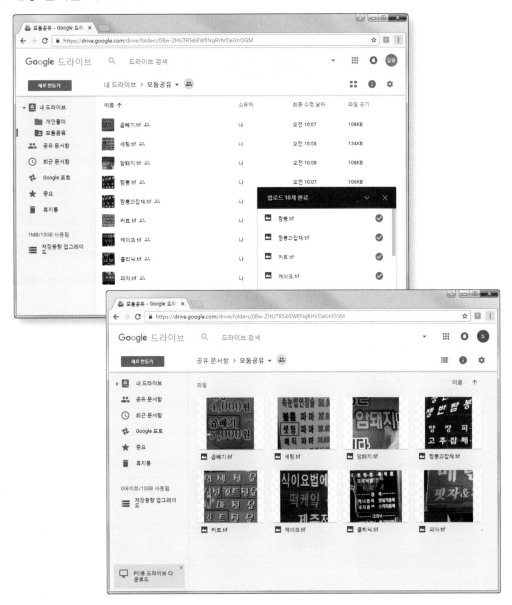

[구글 드라이브의 사용 기능 및 순서]

구글 드라이브 실행하기 / 새 폴더 만들기 / 폴더 공유하기 / 폴더에 파일 넣기

⊙1 구글 드라이브 실행하기

① 크롬 웹 브라우저 아이콘()을 더블클릭하여 실행한 후 구글 사이트(http://www.google.co.kr)에서 [로그인] 단추를 클릭합니다.

다른 웹 브라우저 사용 방법 알아보기

크롬 웹 브라우저의 현재 버전(V.53)에서 사용자 환경에 따라 가끔 한글 깨짐 현상이 발생하는 경우가 있습니다. 이런 경우 스윙 브라우저(http://swing-browser.com)와 같은 웹 브라우저를 사용하면 한글 깨짐 현상의 문제를 해결할 수 있습니다.

---

② 이메일과 비밀번호를 입력하여 로그인 과정을 진행합니다.

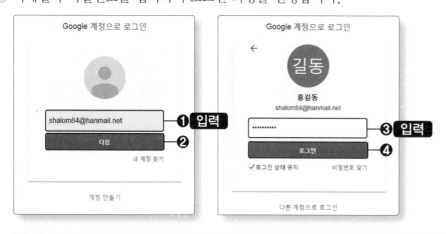

새 계정 만들기

Google 계정의 경우 현재 스마트폰에서 사용하는 계정으로 로그인하면 스마트폰과 함께 사용할 수 있어 편리하며, 로그인 화면에서 [계정 만들기]를 클릭한 후 이메일 주소 및 비밀번호를 입력하여 새로운 계정을 만들 수 있습니다.

③ 화면 위쪽 ⊞[Google 앱] 아이콘을 클릭한 후 구글 앱 목록에서 [드라이브]를 클릭합니다.

크롬 웹 브라우저 실행과 함께 자동 연결하기

크롬 웹 브라우저의 ⋮[Chrome 맞춤설정 및 제어] 아이콘을 클릭한 후 목록에서 [설정]을 클릭하면 웹 브라우저에 [설정] 탭이 표시되며 [Chrome에 로그인] 단추를 클릭한 후 이메일 주소 및 비밀번호를 입력하면 웹 브라우저 실행시 자동으로 로그인됩니다.

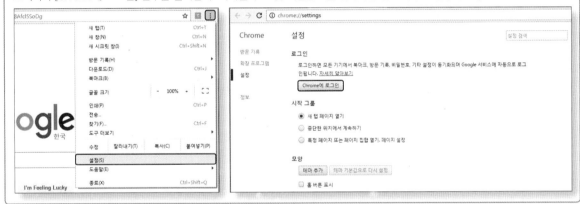

④ 구글 드라이브 화면으로 이동됩니다.

새 폴더 만들기

① 구글 드라이브 화면에서 [내 드라이브]의 목록 단추를 클릭한 후 [새 폴더]를 클릭합니다.

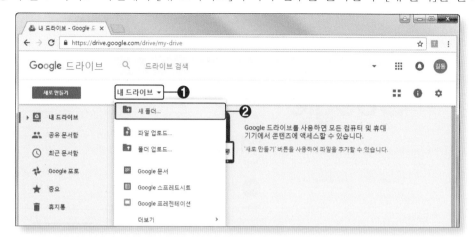

② [새 폴더] 대화상자가 표시되면 폴더명(개인폴더)을 입력한 후 [만들기] 단추를 클릭합니다.

③ 구글 드라이브 안에 새 폴더(개인폴더)가 생성됩니다. 같은 방법으로 다음과 같이 새 폴더(모둠공유)를 생성합니다.

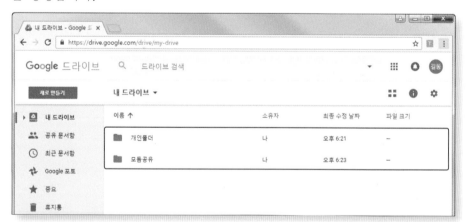

폴더 삭제 및 이름 바꾸기

• **폴더 삭제** : 삭제할 폴더를 선택한 후 📋[삭제] 아이콘을 클릭하거나 바로 가기 메뉴의 [삭제]를 클릭합니다.

• **폴더 이름 바꾸기** : 이름 변경할 폴더를 선택한 후 ⋮[추가 작업]–[이름 바꾸기]를 클릭하거나 바로 가기 메뉴의 [이름 바꾸기]를 클릭합니다.

○3 폴더 공유하기

① [모둠공유] 폴더를 선택한 후 ▣[공유] 아이콘을 클릭합니다.

② [다른 사용자와 공유] 대화상자가 표시되면 공유할 사용자의 이메일 주소를 입력한 후 옵션(수정 가능)을 지정하고 [전송] 단추를 클릭합니다.

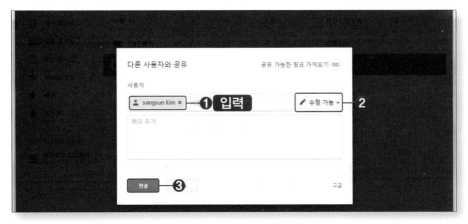

공유 옵션 알아보기
다른 사용자와의 공유를 위한 공유 옵션에는 수정 가능과 보기 가능 기능이 있으며, 수정 가능을 선택하면 다른 사용자가 공유된 폴더의 내용을 자유롭게 수정할 수 있습니다.

③ 지정한 이메일 사용자와 해당 폴더(모둠공유)가 공유됩니다.

ⓄⒶ 폴더에 파일 넣기

① 구글 드라이브에서 [내 드라이브]-[개인폴더]를 클릭하여 이동한 후 폴더 안에서 바로 가기 메뉴의 [파일 업로드]를 클릭합니다.

② [열기] 대화상자가 표시되면 업로드할 파일(모둠별 협력과제)을 선택한 후 [열기] 단추를 클릭합니다.

③ [개인 폴더] 위치에 업로드한 파일(모둠별 협력과제)이 표시됩니다.

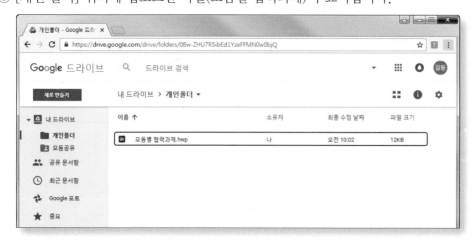

④ 바탕 화면에 [수행과제]–[Ch05] 폴더 창을 표시한 후 그림 파일을 선택한 다음 구글 드라이브의 [모둠
공유] 폴더로 드래그합니다.

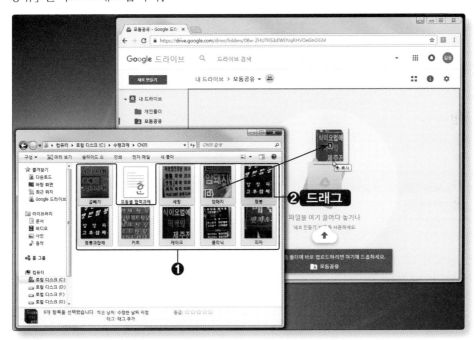

⑤ [수행과제]–[Ch05] 폴더의 그림 파일이 [모둠공유] 폴더로 복사되어 표시됩니다.

공유된 다른 사용자의 내용 보기

공유된 사용자의 경우 본인 계정의 구글 드라이브로 이동한 후 [공유 문서함] 폴더로 이동하면 공유된 폴더(모둠공유)가 표시되며
해당 폴더를 더블클릭하여 이동하면 공유 제공자의 옵션에 따라 해당 폴더의 내용을 확인 및 수정할 수 있습니다.

⑥ [모둠공유] 폴더에서 삭제할 파일(짬뽕.tif)을 선택한 후 🗑[삭제] 아이콘을 클릭합니다.

⑦ [모둠공유] 폴더에 선택한 파일이 삭제되며, [휴지통]을 클릭하면 삭제된 파일이 이동된 것을 확인할 수 있습니다. 휴지통에서 완전히 삭제하기 위해 [휴지통]의 목록 단추를 눌러 [휴지통 비우기]를 선택한 후 [휴지통 비우기] 대화상자가 표시되면 [휴지통 비우기] 단추를 클릭합니다.

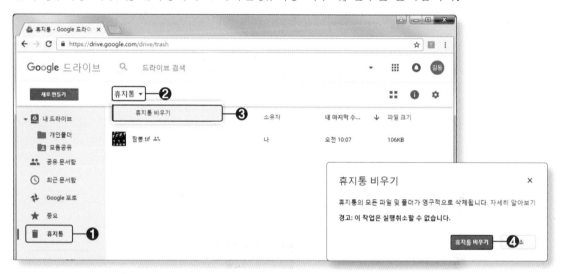

⑧ 휴지통 비우기를 통해 휴지통의 내용이 삭제된 것을 확인할 수 있습니다.

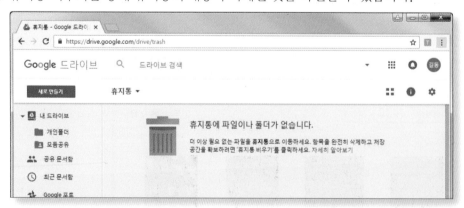

휴지통의 파일 복원하기

휴지통에 보관된 파일의 복원은 복원할 파일을 선택한 후 ⟳[휴지통에서 복원] 아이콘을 클릭하여 복원할 수 있습니다.

Exercise

[01] 구글 드라이브에서 다음과 같이 폴더를 작성하시오.

• 폴더 생성 : 구글 드라이브 안에 [수행과제] 폴더 생성
• [수행과제] 폴더의 하위 폴더 생성 : [개인 과제] 및 [그룹 과제] 폴더를 생성

[02] 구글 드라이브의 [수행과제] 폴더에서 다음과 같은 작업을 수행하시오.

• 폴더 공유 : [그룹과제] 폴더를 친구들과 공유(공유 옵션 : 보기 가능)
• 파일 업로드 : 컴퓨터에 저장된 임의의 사진을 구글 드라이브의 [그룹과제] 폴더에 업로드

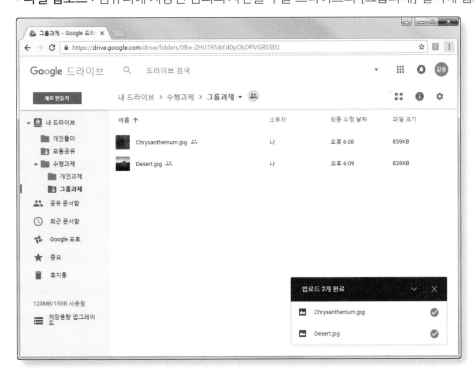

[03] 구글 드라이브에서 [수행과제] 폴더를 삭제하시오(하위 폴더 포함).

06 진로 계획서 작성요령 알아보기

진로 계획이란 시간에 따라 삶이 진행해 나아가는 방향을 계획하는 일로 평생의 삶을 계획하고 설계한 다는 의미에서 중요한 과정이라고 할 수 있습니다. 하지만 많은 사람들은 삶의 진로 계획을 세우는 일을 무의미하게 여기는 경우가 많이 있습니다.

계획 없는 삶은 방향이 모호하여 성취할 가능성도 희박하고 많은 시행착오와 낭비를 일으킬 수 있습니다. 이에 진로 계획서는 장래의 삶을 구체화하는데 가장 좋은 방법이 될 수 있습니다.

진로 계획서는 자신의 진로 계획을 구체화시키는데 좋은 방법으로 장래에 희망하는 일에 대해서 목표를 폭넓게 설정하고 여러 가지 실행 방법을 고려할 수 있도록 도와줍니다.

진로 계획서를 작성하기 위해서는 먼저, 하나의 특정 직업만을 생각하기 보다 본인이 원하는 직업군을 찾아 그와 연관된 여러 가지 직업의 가능성을 열어두고 해당 직업에 필요한 역량에 대해 구체화해 나아가는 것이 좋습니다. 진로 계획서는 직업이 하는 일과 필요 역량 등을 조사한 후 해당 직업에서 필요로 하는 기술과 지식 등을 습득하기 위한 학교 및 학과 등을 세분화하여 구체적으로 작성한다면 앞으로의 진로 방향을 만들어 나아가는데 많은 도움이 될 것입니다.

진로 계획서 작성 전 알아야 할 사항

- 나의 소질과 적성을 알아야 진로를 계획할 수 있습니다.
- 직업의 종류 및 하는 일에 대해 알아야 합니다.
- 직업을 선택하고자 하는 이유와 마인드, 주관적 신념과 철학 등이 맞는지 알아봅니다.

진로 계획서 작성시 주의 사항

- 형식적이 아닌 진실한 나의 계획이 되어야 합니다.
- 실천 가능성에 중점을 두고 작성해야 합니다.
- 다양한 가능성에서 단계별 구체적인 과정으로 접근해야 합니다.
- 일관성을 유지하되 변화에 따른 보완과 조정 과정이 이루어져야 합니다.
- 목표 지향적 의지가 반영되어야 합니다.

진로 계획서에 들어가야할 내용

- 자신이 하고자 하는 일(직업)
- 자신이 선택한 직업의 구체적인 설명
- 직업을 갖기 위해 필요한 기술과 지식
- 직업 선택을 위한 기술과 지식의 습득 방법과 계획(학력과 전공)
- 진로 목표를 달성하기 위한 계획(1년, 3년, 5년, 7년, 10년)

수학 관련 직업 조사하기

수학에 관련된 직업에는 어떤 직업들이 있는지 알아보고 관련된 직업 중 하나를 선별하여 해당 직업이 하는일과 직업을 갖기 위한 방법 등을 모둠별로 조사하여 제출하시오.

○ 예상 결과물 미리보기

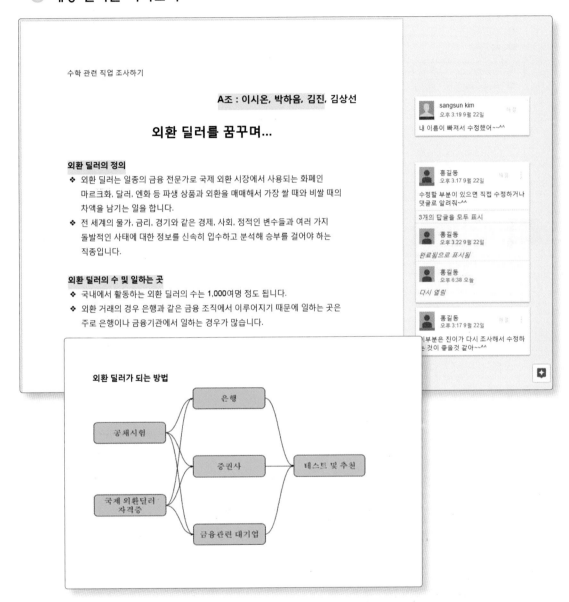

[구글 드라이브 – Google 문서의 사용 기능 및 순서]

구글 문서 실행하기 / 글꼴 및 단락 서식 수정하기 / 글머리 기호 삽입 및 서식 복사하기 / 도형을 이용한 그림 개체 만들기 / 문서 복사본 만들기 / 문서 공유 및 댓글 사용하기

01 구글 문서 실행하기

① 구글 드라이브의 [개인폴더]로 이동한 후 워드 문서를 작성하기 위해 [새로 만들기]-[Google 문서]를 클릭합니다.

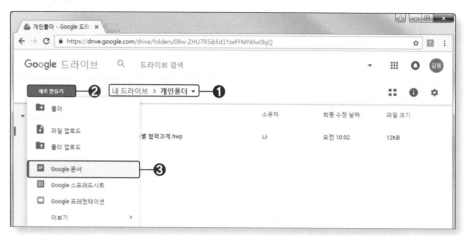

② 구글 워드의 새 문서가 새로운 탭에 표시되면 제목([과제물]수학관련 직업조사)을 수정합니다.

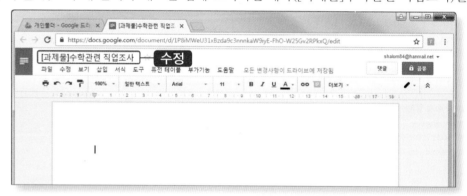

③ [수행평가]-[Ch06] 폴더 창의 '외환딜러.hwp' 파일을 열고 모두 선택(Ctrl+A)한 후 구글 워드 문서 ([과제물]수학관련 직업조사) 위치까지 드래그합니다.

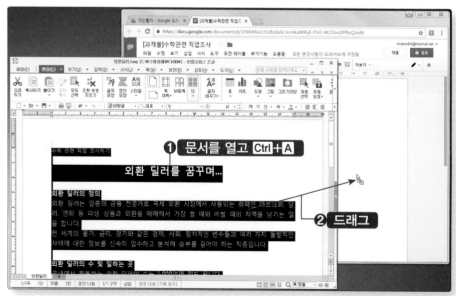

(O2) 글꼴 및 단락 서식 수정하기

① 제목 위에 커서를 클릭하고 조 이름과 조원 명단을 입력한 후 블록 지정한 다음 글꼴(맑은 고딕), 글꼴 크기(14), 굵게(**B**) 등을 지정합니다.

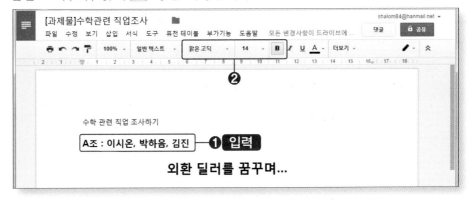

② 조 이름 및 조원 명단 위치에 커서를 클릭한 후 [서식]-[정렬]-[오른쪽]을 클릭하여 해당 문단을 오른쪽으로 정렬합니다.

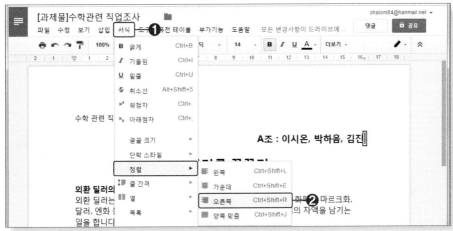

③ 줄 간격 조절을 위해 내용을 모두 선택(Ctrl + A)한 후 도구 모음의 ⫶▾-[줄 간격]-[1.5]를 클릭합니다.

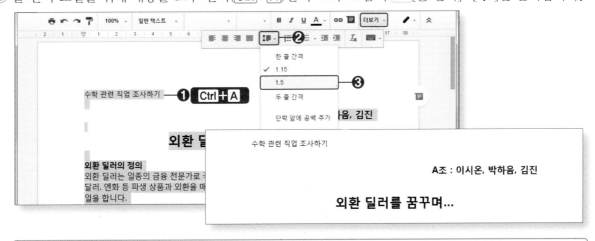

화면에 도구가 보이지 않을 경우 사용법 알아보기

화면의 크기가 작아 작업에 필요한 도구가 모두 표시되지 않을 경우 [더보기] 단추를 클릭하면 나머지 도구들을 모두 표시할 수 있습니다.

03 글머리 기호 삽입 및 서식 복사하기

① '외환 딜러의 정의'에 해당하는 내용을 드래그하여 블록 지정한 후 [서식]-[목록]-[글머리기호 목록]의 원하는 글머리 기호(∷)를 선택합니다.

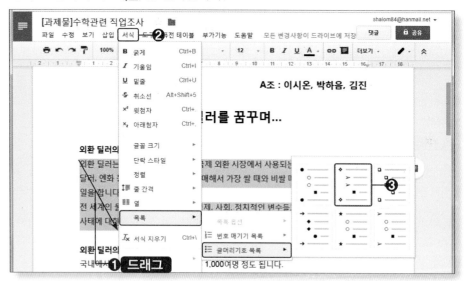

② 문단에 글머리 기호가 표시되면 화면 위쪽 눈금자의 [왼쪽 들여쓰기]를 드래그하여 왼쪽 여백 간격을 줄입니다.

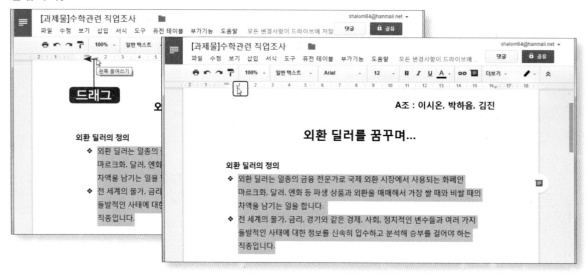

③ 글머리 기호가 포함된 문단 서식을 복사하기 위해 도구 모음의 ⏻[서식 복사]를 클릭합니다.

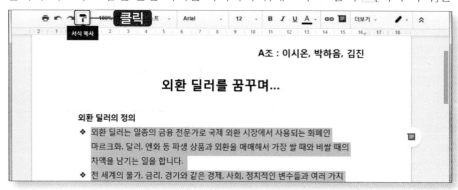

④ '외환 딜러의 수 및 일하는 곳' 문단의 내용 부분을 드래그하면 해당 부분에 복사된 서식이 지정됩니다.

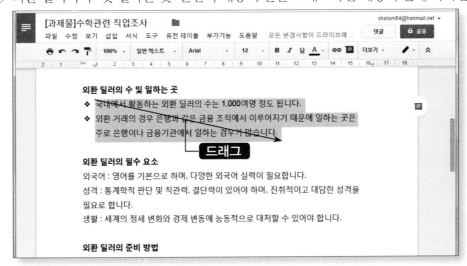

⑤ 같은 방법으로 다음과 같이 내용 부분의 서식을 모두 수정합니다.

수학 관련 직업 조사하기

A조 : 이시온, 박하음, 김진

외환 딜러를 꿈꾸며...

외환 딜러의 정의
❖ 외환 딜러는 일종의 금융 전문가로 국제 외환 시장에서 사용되는 화폐인
마르크화, 달러, 엔화 등 파생 상품과 외환을 매매해서 가장 쌀 때와 비쌀 때의
차액을 남기는 일을 합니다.
❖ 전 세계의 물가, 금리, 경기와 같은 경제, 사회, 정치적인 변수들과 여러 가지
돌발적인 사태에 대한 정보를 신속히 입수하고 분석해 승부를 걸어야 하는
직종입니다.

외환 딜러의 수 및 일하는 곳
❖ 국내에서 활동하는 외환 딜러의 수는 1,000여명 정도 됩니다.
❖ 외환 거래의 경우 은행과 같은 금융 조직에서 이루어지기 때문에 일하는 곳은
주로 은행이나 금융기관에서 일하는 경우가 많습니다.

외환 딜러의 필수 요소
❖ 외국어 : 영어를 기본으로 하며, 다양한 외국어 실력이 필요합니다.
❖ 성격 : 통계학적 판단 및 직관력, 결단력이 있어야 하며, 진취적이고 대담한 성격을
필요로 합니다.
❖ 생활 : 세계의 정세 변화와 경제 변동에 능동적으로 대처할 수 있어야 합니다.

외환 딜러의 준비 방법
❖ 4년제 대학의 경제학과, 국제 경영 및 통상학과, 경영학과, 금융보험과, 세무학과,
회계학과, 수학과 등의 관련 학과를 이수해야 합니다.
❖ 영어 및 중국어 등 외국어에 능통해야 합니다.
❖ 경영(MBA), 경제, 회계 분야의 석사 이상 학위가 필요합니다.

⊙4 도형을 이용한 그림 개체 만들기

① 2페이지 '외환 딜러가 되는 방법' 문단 아래에 커서를 클릭한 후 [삽입]-[그림] 메뉴를 클릭합니다.

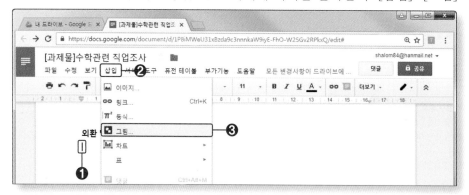

② [그림] 창이 표시되면 ⬛▾[도형]-☐[도형]-☐[모서리가 둥근 직사각형]을 클릭합니다.

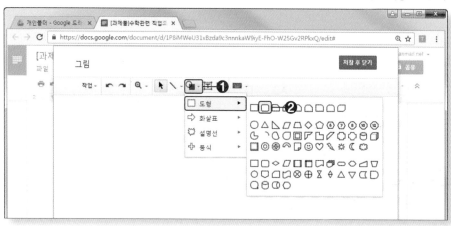

③ 마우스 포인터 모양이 + 모양일때 드래그하여 원하는 크기로 도형을 삽입한 후 내용(은행)을 입력합니다.

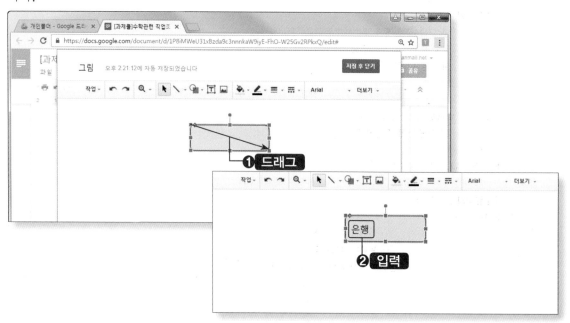

④ 도형이 선택된 상태에서 📋·[채우기 색상(노랑)], 글꼴(맑은 고딕), 글꼴 크기(14), ▣·[정렬(▤/▤)] 등을 지정합니다.

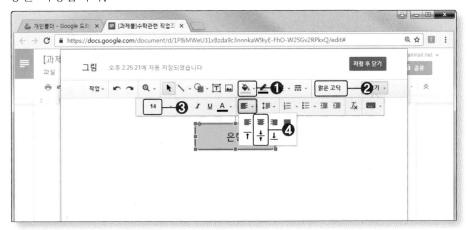

> **화면에 도구가 보이지 않을 경우 사용법 알아보기**
>
> 화면의 크기가 작아 작업에 필요한 도구가 모두 표시되지 않을 경우 [더보기] 단추를 클릭하면 나머지 도구들을 모두 표시할 수 있습니다.

⑤ 도형 서식이 모두 지정되면 도형을 복사하기 위해 키보드의 Ctrl 을 누르고 원하는 위치로 드래그합니다. 같은 방법으로 다음과 같이 도형을 복사한 후 내용을 수정합니다.

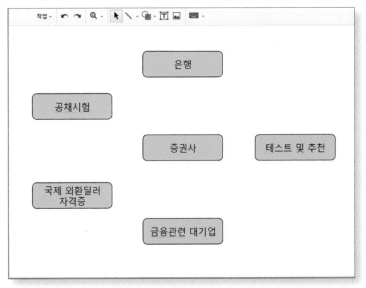

⑥ 도형과 도형을 연결선을 이용하여 연결하기 위해 ☒·[선]-[구부러진 커넥터]를 클릭합니다.

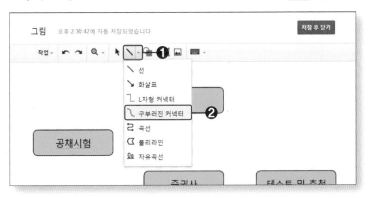

⑦ '공채시험' 도형에 마우스를 가까이 하여 연결점이 표시되면 클릭 후 '은행' 도형의 연결점까지 드래그하여 구부러진 커넥터로 연결합니다.

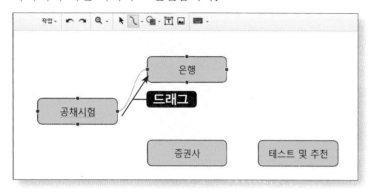

⑧ 연결선의 화살표 방향을 만들기 위해 ──[선 끝]─ → [뾰족한 화살표]를 클릭합니다.

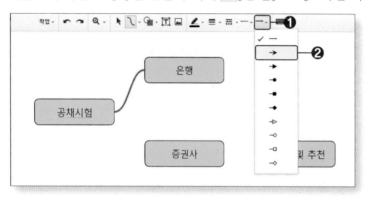

⑨ 같은 방법으로 다음과 같이 도형을 연결한 후 [저장 후 닫기] 단추를 클릭합니다.

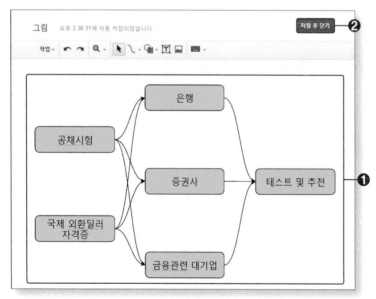

⑩ 구글 문서에 그림 개체가 표시되면 크기를 조절하여 원하는 위치에 배치합니다.

그림 도구 사용하기

그림 도구에서는 다양한 모양의 도형 뿐만 아니라 글상자, 워드아트, 그림 등을 삽입할 수 있으며 만약, 공유된 문서의 경우 작업하는 사람들과 함께 편집할 수 있어 편리하게 사용될 수 있는 도구입니다.

⑤ 문서 복사본 만들기

① [파일]-[사본 만들기] 메뉴를 클릭한 후 [문서 복사] 대화상자에서 폴더 항목의 [개인폴더]를 클릭한 다음 폴더 위치를 [모둠공유] 폴더로 수정하고 [확인] 단추를 클릭합니다.

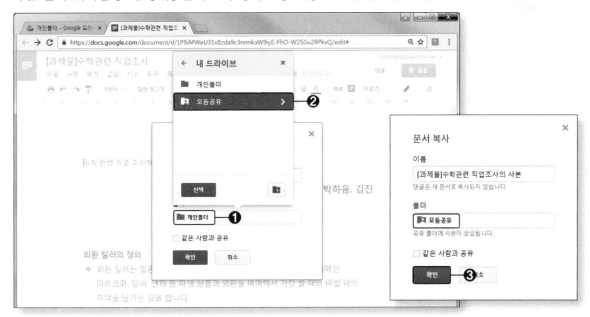

폴더 경로 바꾸기

현재 폴더의 이름 앞에 표시된 ←[Back]을 클릭하면 상위 폴더의 위치로 이동되며, 폴더 이름 뒤의 ❯를 클릭하면 해당 폴더 안으로 이동됩니다.

---

⑥ 공유 사용자와 댓글을 통해 토론하며 문서 수정하기

① 공유된 [모둠공유] 폴더의 복사본 문서가 새로운 탭에 표시되면 토론할 제목을 드래그하여 블록으로 지정한 후 [댓글 추가]를 클릭합니다.

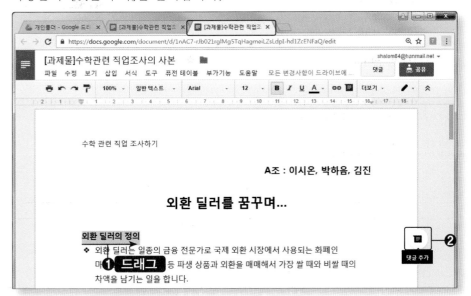

② 메모 내용을 입력한 후 [댓글] 단추를 클릭하면 블록 지정된 위치의 오른쪽에 메모 내용이 표시됩니다. 같은 방법으로 공유된 사용자와 댓글을 통해 토론을 진행할 수 있습니다.

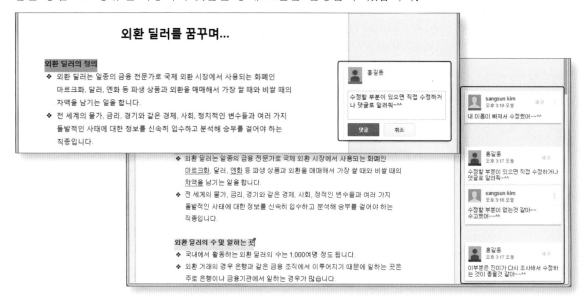

공유된 문서 내용 수정하기

소유자가 공유한 폴더(모둠공유)의 공유 옵션을 [수정가능]으로 지정한 경우 공유된 사용자 모두 해당 문서의 내용을 자유롭게 수정할 수 있습니다.

댓글 메모 활용하기

- **댓글 답장달기** : 메모 내용을 클릭한 후 아래쪽에 표시되는 [답장...]을 클릭한 다음 답장 내용을 입력합니다.
- **댓글 해결하기** : 댓글을 통해 토론이 종료된 경우 [해결] 단추를 클릭하면 댓글 입력 창이 종료됩니다.
- **댓글 표시하기** : 화면 위쪽에 표시된 [댓글] 단추를 클릭한 후 댓글 목록에서 표시할 댓글 항목의 [다시 열기]를 클릭합니다.
- **댓글 삭제하기** : 삭제할 댓글 창의 ⋮를 클릭한 후 [삭제] 메뉴를 선택합니다.

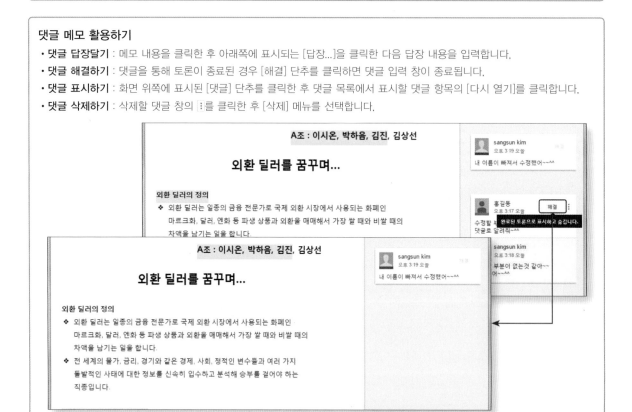

공유 해제하기

공유 폴더 또는 문서의 바로 가기 메뉴에서 [공유]를 선택하여 이동한 후 공유 해제할 이름을 클릭한 다음 [공유 설정] 대화상자에서 해당 이름 뒤의 X를 클릭합니다.

Exercise

[직업탐구] 구글 드라이브의 문서를 이용하여 장래의 진로 계획서를 작성하시오.

• 샘플 파일 : 진로 계획서.docx
• 진로 계획서를 임의의 글꼴 및 단락 서식을 수정하고 글머리 기호 등을 삽입하여 작성
• 완성된 문서의 복사본을 만들어 부모님 이메일 주소로 보낸 후 댓글로 의견을 나눔

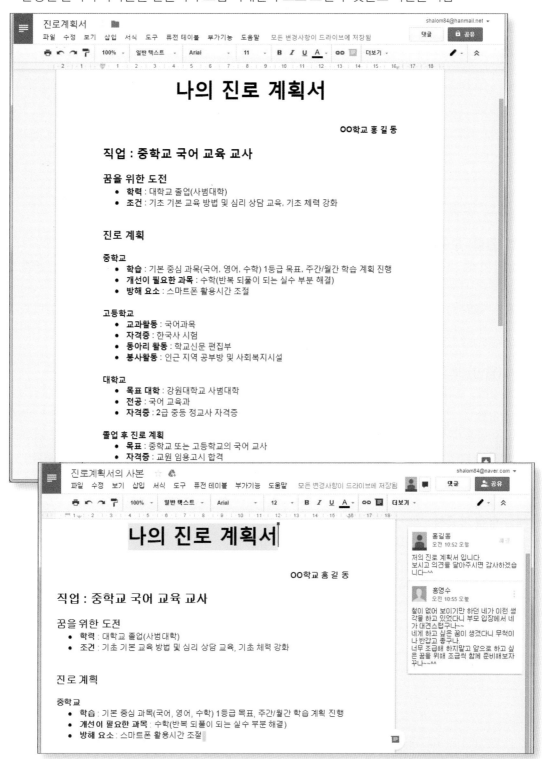

보고서 작성요령 알아보기

보고서란 보고를 목적으로 작성한 글이나 문서를 의미하며, 상대방에게 보고 내용을 정확히 전달하는데 중점을 두고 사실에 입각해서 작성해야 합니다. 보고서는 용도에 따라 기업의 경우 일일 업무보고, 주간 업무보고, 영업 실적을 보고하는 영업 보고서, 진행 상황을 보고하는 업무진행 보고서, 결과를 보고하는 결산 보고서, 외부의 업무에 사용하는 출장 보고서 등이 있으며, 학교의 경우 자연을 관찰하고 보고하는 관찰 보고서, 실험 보고서, 답사 보고서, 체험학습 보고서 등 다양하게 활용되고 있습니다.

보고서의 종류

▶ 실험(관찰) 보고서

실험의 전체 내용이 함축될 수 있는 제목을 선정하고 서론으로 실험의 목적 및 관련 이론과 실험 방법 등을 서술합니다. 이후 본론으로 실험 내용을 상세히 기술하고 실험의 내용을 요약 정리하여 결론을 맺으며, 신뢰할 수 있는 전문가의 보고 내용 등을 인용하여 실험의 신뢰도을 높여줍니다. 끝으로 보고서를 작성하는데 도움이 되었던 참고 문헌 등을 기록하여 보고서 문서를 완성합니다.

▶ 견학(탐방) 보고서

견학(탐방) 보고서는 견학한 내용을 기록으로 남기는 문서로 본인에게는 알게된 내용을 체계적으로 정리할 수 있는 방법이 되고 또한 다른 견학할 사람들에게는 사전에 미리 정보를 제공 받을 수 있는 역할을 합니다. 견학 보고서에는 견학을 하게 된 동기 및 목적과 사전 계획 내용, 견학 과정을 일정에 따라 구체적으로 기술한 후 견학 과정에서의 보고 느낀 점 등으로 마무리합니다. 이 때에 견학 과정에서의 자료(홍보물)등을 수집하여 첨부하면 더욱 좋습니다.

▶ 체험 학습 보고서

학교에 출석하지 않고 부모님과 동반하여 체험 학습을 진행한 경우 반드시 체험 학습 보고서를 제출해야 하며, 제출하지 않는 경우 결석으로 처리되어 특성화 고등학교 및 대학교 입시 등에도 문제가 될 수 있습니다. 체험학습 보고서를 쓸 때에는 체험의 주제가 잘 표현되도록 제목을 선정해야 합니다. 실예로 빙어낚시를 가더라도 제목을 [지역겨울축제탐방 : 춘천빙어축제] 또는 [지역겨울축제탐방] 등으로 표기할 경우 놀고 왔다는 느낌이 아닌 체험의 성격을 더욱 드러낼 수 있어 좋은 방법이 될 수 있습니다. 또한 체험 학습 보고서의 제출시 체험 활동 내용에 반드시 동반인과 본인이 포함된 체험 장소에서의 사진을 제출하는 것이 중요합니다.

역사 인물탐구 보고서 만들기

백범 김구 선생님의 업적에 대해 요약하여 모둠별 프레젠테이션 보고서(슬라이드 6장 내외)를 만들어 제출하시오. (완성된 파일을 메일로 직접 보내거나 저장 공유된 주소를 메일로 첨부)

○ 예상 결과물 미리보기

백범김구

역사 인물탐구 보고서

백범 김구

- 일제강점기 독립운동가이자 대한민국의 종교인, 교육자, 통일운동가, 정치인이다.
- 의열단체 한인애국단을 이끌었고 대한민국 임시 정부 주석을 역임하였으며 1962년 '건국훈장 대한민국장'이 추서되었다.
- 몰락 양반가의 후손으로 태어나 과거에 응시하였으나 실패, 이후 동학농민운동에 참가하였고, 한때 불교 승려로 활동했으며 이후 개신교에 귀의하였다.

김구와 대한민국 임시정부(1)

- 1919년 이후 상하이에서 대한민국 임시정부에 [ ] 의원, 경무국장, 내무총장, 국무총리 대리, 내무[ ] 등을 지냈다.
- 외교 중심의 독립운동이 성과를 얻지 못하자 19[ ] 노선갈등 이후 일부 독립운동가들이 임시 정부[ ] 이후에 일본의 중국 침략이 본격화되면서 중국 [ ] 임시 정부를 옮겨다녔으며, 1924년에는 만주 대[ ] 光)등을 통한 친일파 암살 및 주요공관 파괴, 군[ ] 비밀리에 지휘하였고, 이후 한인애국단을 조직하[ ] 의거, 윤봉길의 홍커우 의거 등을 지휘하였다.

백범 김구의 업적

- 동학 농민운동
- 애국계몽운동과 수감생활
- 독립운동과 임시정부 활동
- 광복초기 정치활동
- 신탁통치 반대운동

[구글 드라이브의 Google 프레젠테이션 사용 기능 및 순서]

구글 프레젠테이션 실행 및 테마 적용하기 / 슬라이드의 크기 설정 및 내용 입력하기 / 인터넷 검색 및 슬라이드 삽입하기 / 글꼴 및 단락 서식 지정하기 / 도형 삽입하기 / 텍스트 입력상자 삽입하기 / 그림 삽입하기 / 댓글과 채팅으로 협력하여 작업하기

ⓞ1 구글 프레젠테이션 실행 및 테마 적용하기

① 구글 드라이브의 [개인폴더]로 이동한 후 워드 문서를 작성하기 위해 [새로 만들기]-[Google 프레젠테이션]을 클릭합니다.

② 구글 프레젠테이션의 새 문서가 새로운 탭에 표시되면 제목(백범김구)을 수정한 후 [테마] 작업창에서 [산호]를 선택하고 ⓧ[닫기]를 클릭합니다.

> **슬라이드의 테마 변경하기**
> • 테마란 슬라이드에 사용되는 배경 및 색상 구성, 글꼴 서식 등을 하나의 테마 이름으로 묶어서 슬라이드에 한번에 적용시킬 수 있도록 도와주는 기능입니다.
> • [테마] 작업창은 새 프레젠테이션 문서를 작성시 자동으로 표시되며, [슬라이드]-[테마 변경] 메뉴를 클릭하거나 도구 상자의 [테마 변경] 단추를 클릭해도 [테마] 작업창이 표시됩니다.

③ 슬라이드에 테마가 적용됩니다.

⟨O2⟩ 슬라이드의 크기 설정 및 내용 입력하기

① [파일]-[페이지 설정] 메뉴를 클릭합니다.

② [페이지 설정] 대화상자가 표시되면 [표준 4:3]을 선택한 후 [확인] 단추를 클릭합니다.

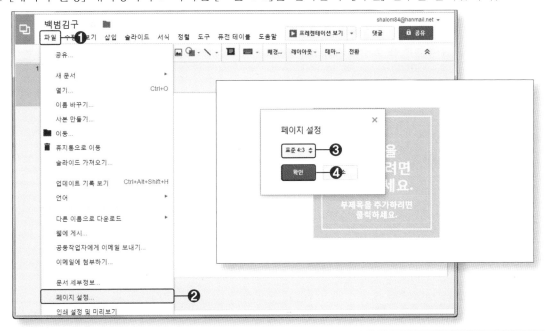

> **페이지 설정**
>
> 페이지 설정 종류에는 [표준 4:3], [와이드스크린 16:9], [와이드스크린 16:10] 등이 있으며, [맞춤]을 선택하면 사용자가 직접 입력하여 용지의 크기를 설정할 수 있습니다.

③ 슬라이드의 크기가 변경되면 제목 및 부제목 개체를 클릭하여 다음과 같이 내용을 수정합니다.

> **맞춤법 추천 보기**
>
> • 맞춤법 추천 보기란 사전에 등록된 단어 등을 비교하여 맞지 않는 단어 및 문장 등에 빨간색 밑줄로 표시하는 기능입니다.
> • [보기]-[맞춤법 추천 보기] 메뉴를 체크 및 체크 해제하여 표시 또는 숨길 수 있습니다.

(O3) 인터넷 검색 및 슬라이드 삽입하기

① [슬라이드]-[새 슬라이드] 메뉴를 클릭한 후 새 슬라이드가 삽입되면 제목(백범 김구)을 입력한 다음 ⬜[새 탭]을 클릭합니다.

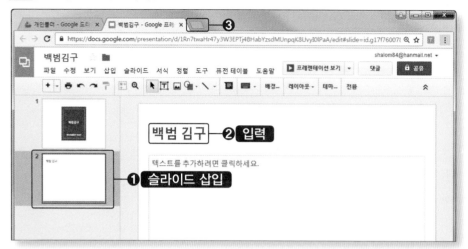

② 'URL 입력' 란 또는 '검색 란'에 '백범김구'를 입력한 후 Enter 를 누릅니다.

③ 검색 결과가 표시되면 '김구 – 위키백과' 검색 정보를 클릭하여 이동합니다.

④ 위키백과의 검색 정보가 표시되면 복사할 부분을 드래그하여 블록으로 지정한 후 복사(Ctrl+C)명령을 실행합니다.

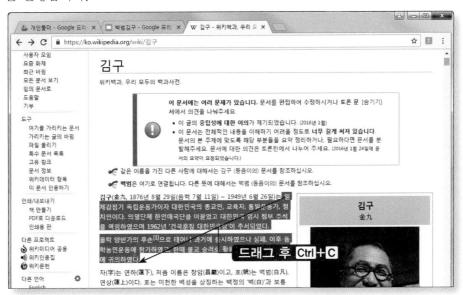

⑤ [백범김구] 탭을 클릭하여 프레젠테이션 문서로 이동한 후 내용 개체를 선택한 다음 [수정]-[서식 없이 붙여넣기]를 클릭합니다.

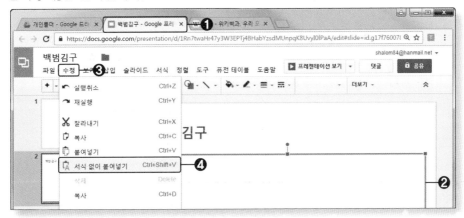

⑥ 복사된 내용이 내용 개체에 붙여넣기 됩니다.

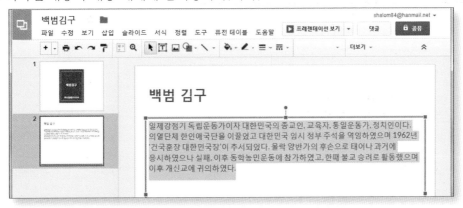

서식 없이 붙여넣기

서식 없이 붙여넣기란 인터넷 문서에 적용된 html 태그 서식을 제외한 일반 텍스트 내용을 붙여넣을 때 사용하는 기능으로 [수정]-[서식 없이 붙여넣기] 메뉴를 선택하거나 붙여 넣을 위치에서 바로 가기 메뉴의 [서식 없이 붙여넣기]를 클릭해도 됩니다.

⓪4 글꼴 및 단락 서식 지정하기

① 복사된 내용이 블록 지정된 상태에서 ▤▤[글머리 기호 넣기]를 클릭한 후 원하는 글머리 기호(▤▤)를 선택합니다.

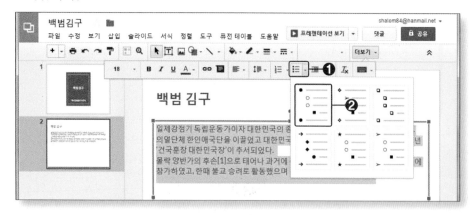

② 글머리 기호가 표시되면 결과 화면과 같이 문단을 나누어 내용을 정리합니다.

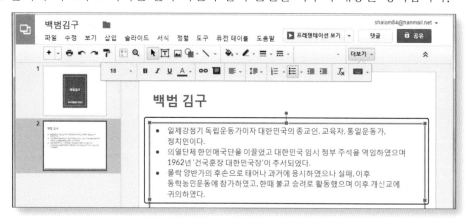

문단 붙이기 및 문단 나누기
• **문단 붙이기** : 문단 앞에서 [BackSpace]를 누르거나 문단 뒤에서 [Delete]를 누르면 나누어진 문단을 하나로 붙일 수 있습니다.
• **문단 나누기** : 나눌 위치에서 [Enter]를 누르면 커서가 위치한 지점을 기준으로 하나의 문단이 두 개의 문단으로 나뉩니다.

③ 내용 부분이 모두 블록으로 지정된 상태에서 글꼴(맑은 고딕) 및 글꼴 크기(24), 줄 간격(1.5) 등을 수정합니다.

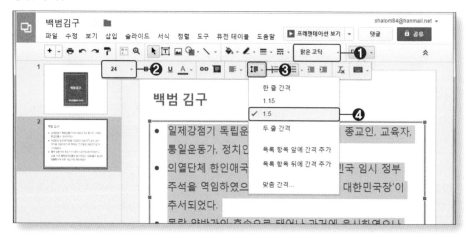

④ 같은 방법으로 새로운 슬라이드를 추가한 후 [김구 – 위키백과]의 검색 내용을 이용하여 다음과 같이 슬라이드를 완성합니다.

김구와 대한민국 임시정부(1)

- 1919년 이후 상하이에서 대한민국 임시정부에 참여하여, 의정원 의원, 경무국장, 내무총장, 국무총리 대리, 내무총장 겸 노동국 총판 등을 지냈다.
- 외교 중심의 독립운동이 성과를 얻지 못하자 1921년 임시정부 내 노선갈등 이후 일부 독립운동가들이 임시 정부를 이탈하고, 만주 사변 이후에 일본의 중국 침략이 본격화되면서 중국 관내 여러 지역으로 임시 정부를 옮겨다녔으며, 1924년에는 만주 대한통의부 박희광(朴喜光)등을 통한 친일파 암살 및 주요공관 파괴, 군자금 모집 등을 비밀리에 지휘하였고, 이후 한인애국단을 조직하여 이봉창의 동경 의거, 윤봉길의 홍커우 의거 등을 지휘하였다.

▲ 3번(제목 및 본문) 슬라이드

김구와 대한민국 임시정부(2)

- 1926년 12월부터 1927년까지 1930년부터 1933년까지 임시정부 국무령을, 이후 국무위원, 내무장, 재무장 등을 거쳐 1940년 3월부터 1947년 3월 3일까지 임시정부 국무위원회 주석을 지냈다.
- 1945년 광복 이후에는 임시정부 법통 운동과, 이승만, 김성수 등과 함께 신탁 통치 반대 운동과 미소 공동위원회 반대 운동을 추진하였으며, 1948년 1월부터 남북 협상에 참여했다.

▲ 4번(제목 및 본문) 슬라이드

05 도형 삽입 및 텍스트 입력 상자 삽입하기

① [슬라이드]-[새 슬라이드] 메뉴를 이용하여 5번 슬라이드를 삽입한 후 [슬라이드]-[레이아웃 적용]-[내용 없음]을 클릭합니다.

② 5번 슬라이드의 레이아웃이 변경되면 도형을 삽입하기 위해 [삽입]-[도형]-□[도형]-□[모서리가 둥근 직사각형]을 선택합니다.

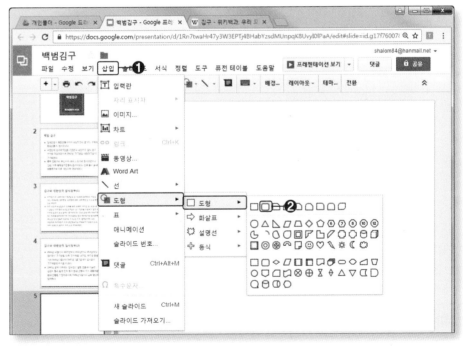

도형 삽입하기

슬라이드에 도형을 삽입할 경우 [삽입]-[도형] 메뉴를 클릭한 후 목록에서 원하는 도형을 선택하거나 도구 상자의 [🔲]-[도형]을 클릭한 후 도형 목록에서 선택한 다음 슬라이드에서 드래그하여 삽입할 수 있습니다.

③ 마우스 포인터 모양이 + 모양으로 바뀌면 슬라이드에서 드래그하여 도형을 삽입한 후 내용을 입력하고 도형 및 텍스트 내용에 서식을 수정합니다.

　• 글꼴(맑은 고딕), 글꼴 크기(36), 글꼴 색(주황), 가운데(≡)

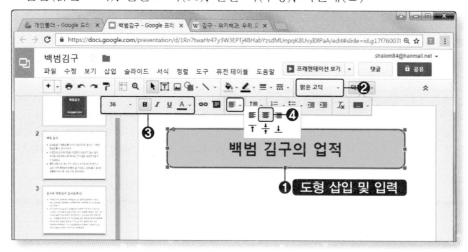

④ 텍스트 입력 상자를 삽입하기 위해 [삽입]–[입력란]을 클릭합니다.

⑤ 마우스 포인터 모양이 + 모양으로 바뀌면 슬라이드에서 마우스를 드래그하여 입력 상자를 삽입한 후 내용을 입력한 다음 글꼴 서식을 수정합니다.

　• 글꼴(맑은 고딕), 글꼴 크기(24), 글머리 기호( )

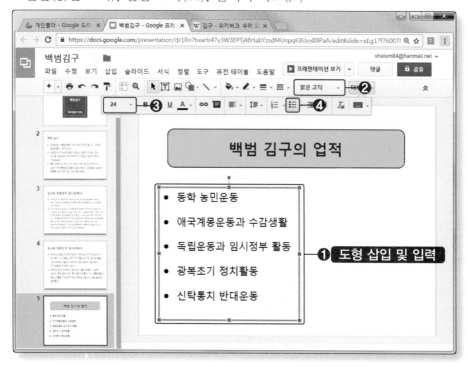

텍스트 입력 상자 삽입하기

슬라이드에 텍스트 입력 상자를 삽입할 경우 [삽입]–[입력란] 메뉴를 클릭하거나 도구 상자의 🅃[입력란]을 클릭한 후 슬라이드에서 드래그하여 삽입할 수 있습니다.

(06) 슬라이드에 그림 삽입하기

① 정보 검색에 사용했던 [김구 – 위키백과] 탭을 클릭한 후 검색 내용 중 이미지 부분에서 마우스 오른쪽 단추를 눌러 바로 가기 메뉴의 [이미지 복사]를 클릭합니다.

② [백범김구] 탭을 클릭하여 프레젠테이션 문서로 이동한 후 붙여넣기(Ctrl + V)를 실행하여 슬라이드에 삽입한 다음 원하는 위치에 배치하고 도구 모음의 [이미지 옵션]을 클릭합니다.

③ 슬라이드의 오른쪽에 [이미지 옵션] 작업창이 표시되면 색상 재지정 항목의 ▨[밝게2]를 선택한 후 ✖[닫기]를 클릭합니다.

> **이미지 삽입하기**
>
> [삽입]–[이미지 삽입] 메뉴를 클릭하여 실행하면 [이미지 삽입] 대화상자가 표시되며, 컴퓨터에 저장된 이미지를 직접 업로드하여 사용하거나 컴퓨터에 연결된 카메라를 이용한 스냅샷 촬영, URL 주소를 이용한 이미지 삽입 방법과 앨범 및 Google 드라이브에 저장된 이미지를 이용하여 슬라이드에 삽입할 수 있습니다.

사본 만들기 및 댓글과 채팅으로 협력하여 작업하기

① [파일]-[사본 만들기] 메뉴를 클릭한 후 [문서 복사] 대화상자가 표시되면 복사할 폴더 위치를 수정(모둠공유)한 다음 [확인] 단추를 클릭합니다.

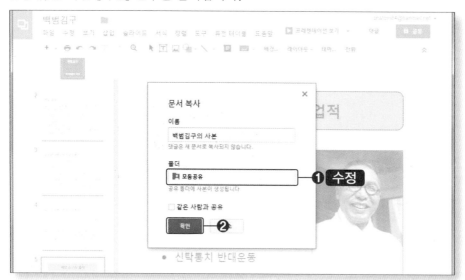

공유된 사용자의 슬라이드 내용 수정하기

현재 공유한 [모둠공유] 폴더의 경우 공유 옵션을 [수정]으로 설정하여 공유된 모든 사용자는 누구나 슬라이드의 내용을 수정할 수 있습니다. 공유 옵션 변경 방법은 53페이지를 참고합니다.

② 도구 상자의 [댓글]-[댓글 추가]를 클릭하여 공유된 사용자와 메모 내용을 통해 대화가 가능하며, 도구 상자의 ■[채팅]을 클릭하면 현재 접속된 사용자와 채팅창에서 바로 대화를 나눌 수 있습니다.

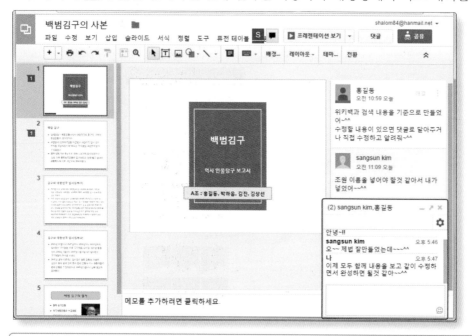

댓글 내용 수정하기

입력한 댓글 내용을 수정할 경우 댓글 창의 오른쪽에 표시된 ⋮를 클릭한 후 [수정]을 클릭하면 댓글 입력 상자에 커서가 위치하며, 내용을 수정할 수 있습니다.

Exercise

[과학] 생활의 요소를 이용하여 모둠별로 자율적인 탐구 실험 후 발표하시오.

- 샘플 파일 : 과학실험.pptx, 그림1.jpg~그림16.jpg
- 슬라이드 크기 : 사용자 정의(가로 – 29.7, 세로 –21)
- 슬라이드 레이아웃 및 글꼴, 단락 서식, 글머리 기호 등은 모두 임의로 조정하여 작성
- 문서 파일을 공유하여 모둠별로 댓글 및 채팅하면서 보완 수정하여 프레젠테이션 문서를 완성

우유와 탄산음료의 희석 결과 분석

—— A조 : 홍길동, 박하음, 김상선 ——

▲ 1번(제목) 슬라이드

실험 설명

- **실험 계획** : 우유와 탄산음료를 섞어 변화하는 과정을 살펴본다.
- **실험에 필요한 음료** : 우유와 콜라, 사이다, 오렌지맛 탄산음료
- **예상 결과** : 탄산 음료의 원래 색보다 흐릿한 색으로 변화되며, 변하는 과정은 원래의 색과 비슷하여 큰 변화는 없을 것 같다.

▲ 2번(제목 및 내용) 슬라이드

실험 방법

1. 탄산 음료의 1/3을 컵에 덜어낸다.

2. 우유를 탄산음료 병에 채운다.

3. 뚜껑을 닫고 흔든다.

4. 희석되는과정을 관찰한다.

▲ 3번(제목 만) 슬라이드

실험 과정

우유와 함께 콜라, 사이다, 오렌지맛 탄산음료를 희석한 후 30분 및 1시간 경과 후 관찰

▲ 4번(제목 만) 슬라이드

실험 결과

콜라

- **예상 결과** : 조금 연한 갈색으로 섞여 보일 것이다.
- **실험 결과** : 30분과 1시간 경과 후 처음 색깔이었던 연한 갈색은 변하지 않았다.(예상 결과와 같음)

사이다 및 오렌지맛 탄산음료

- **예상 결과** : 사이다는 우유 색, 오렌지 맛 탄산음료는 연한 주황색이 될 것 같다.
- **실험 결과** : 처음에는 예상 결과와 같았으나 시간이 지나면서 위 아래로 층이 형성되면서 가운데는 투명해 졌다.

▲ 5번(제목 및 내용) 슬라이드

08 발표용 프레젠테이션 작성요령 알아보기

프레젠테이션이란 발표회, 브리핑, 설명회, 세미나 등 청중에게 발표하는 모든 것을 의미합니다. 자신이 가지고 있는 정보를 청중에게 최대한 효과적이면서도 정확하게 전달하는 것으로 예전에는 발표자가 직접 말로 설명하거나 발표 내용을 인쇄물로 배포, 슬라이드나 OHP 필름 등의 시각 자료를 활용했습니다. 하지만 정보를 전달하는 힘이 약하고 청중을 프레젠테이션에 집중시키기에 어렵다는 문제점이 발생하였습니다. 이런 한계점을 보완하기 위해 등장한 것이 바로 파워포인트입니다. 파워포인트 프로그램은 프레젠테이션을 작성하기 위해 최적화된 프로그램으로 다양한 멀티미디어 등을 활용하여 발표의 핵심을 효과적으로 전달할 수 있는 수단이 됩니다.

프레젠테이션을 잘하는 방법

첫째. 명확한 주제에 맞게 내용을 기술하라!

아무리 발표 능력이 뛰어난 사람도 명확한 주제와 동떨어지는 내용을 설명하려고 하면 굉장히 난감해 할 것이 분명합니다. 프레젠테이션의 가장 중요한 점은 주제에 맞는 내용을 간단하고 명료하게 청중들에게 이해할 수 있도록 기술해야 하는 것입니다.

둘째. 눈에 띄는 슬라이드를 만들어라!

프레젠테이션 슬라이드를 작성할 때에 가장 실수하는 부분이 텍스트 글꼴 및 이미지 등 개체의 크기입니다. 모니터로 작업할 경우 눈으로 확인이 가능할 수 있지만 프로젝트 등을 이용할 경우 화면을 보는 청중들은 작게 느껴질 수 있습니다. 텍스트 제목의 경우 40~50 포인트, 본문 내용의 경우 20~24 포인트 정도가 적당하며, 본문 내용은 길게 서술하는 것보다 간단 명료하게 라인 수를 줄여 사용하는 것이 좋습니다.

셋째. 집중할 수 있는 쇼를 보여라!

슬라이드 작업에 있어서 텍스트 위주의 작업은 발표자의 능력에 따라 다를 수 있지만 청중들에게 지루함을 줄 수 있는 소지가 됩니다. 다양한 방법(애니메이션, 전환 효과, 동영상, 소리 등)을 통하여 청중들의 집중력을 높여주는 것이 좋습니다. 하지만 너무 많은 애니메이션 효과 등은 집중력을 오히려 떨어뜨릴 수 있으므로 가급적 많이 사용하는 것은 피해야 합니다.

넷째. 실수에 당황하지 말라!

프레젠테이션 발표를 하다보면 누구나 실수를 할 수 있습니다. 하지만 문제는 실수 이후에 어떻게 대응하느냐에 따라 발표의 성공 여부가 달라질 수 있습니다. 당황한 나머지 계속해서 발표에 자신감이 떨어진다면 분명 발표는 실패하고 맙니다. 실수 이후 당황하지 않고 약간의 여유를 갖고 사과로 인정하고 침착하게 분위기를 전환한다면 성공적인 발표가 이루어질 수 있을 것입니다.

다섯째. 수많은 반복과 예행 연습을 하라!

초보자들이 가장 많이 실수하는 것이 발표 내용을 외워서 청중들에게 발표하는 부분입니다. 만약 발표 내용을 외워 발표할 경우 질문 등 예기치 못한 상황에 대처가 힘들고 외운 내용에만 집중하게 되어 청중들의 반응을 살필 수 있는 요지가 그만큼 줄어들게 될 것입니다. 그러므로 가장 중요한 핵심은 이미 발표할 슬라이드에 있는 만큼 암기가 아닌 슬라이드의 자연스러운 흐름에 맞춰 반복적으로 연습하는 것이 훨씬 효과적인 발표 전략이 될 수 있습니다.

우리 고장의 특산품 홍보하기

우리 고장의 특산품을 알릴 수 있는 홍보 프레젠테이션 파일을 모둠별로 슬라이드 5장 내외로 만들어 제출하시오. (완성된 파일을 메일로 직접 보내거나 저장 공유된 주소를 메일로 첨부)

○ **예상 결과물 미리보기**

강화의 특산물 소개

A조 : 홍길동, 박하음, 김진, 김상선

강화 인삼

원산지로 고려 고종(1231)때부터 재배가 시작되었다.

로 찾는이가 많아짐에 따라 인공재배를 시작하게 된다.

수가 잘되고 지나치게 기름지지 않은 사질 양토에 강우가 적고 주야간 기온차가 큰 곳이 적정한 은 이에 적합한 지역에 해당한다.

• 인삼은 만능약이란 뜻에서 유래되어 몸이 허약한 체질의 회복에 좋으며, 피로회복, 암세포 억제, 당뇨, 간기능 개선, 동맥경화, 위장병, 혈압 조절, 레스 제거 등 다양한 분야에 사용된다.

인삼 영양 성분

니아신 0.60mg	나트륨 18.00mg	단백질 4.5g	당질 20.20g
비타민A 0.00㎍RE	비타민B1 0.05mg	비타민B2 0.14mg	비타민B6 0.03mg
식이섬유 4.52g	아연 0.16mg	엽산 5.20㎍	인 97.00mg
칼륨 324.00mg	칼슘 113.00mg	콜레스테롤 0.00mg	회분 1.40g

강화 순무의 성분표

성 분		함 량	성 분		함 량
단백질(g)		0.9	무기질 (mg)	칼 륨	230
지 질(g)		0.1		칼 슘	37
탄수화물 (g)	당 질	3.2		나트륨	13
	섬 유	0.5		인	24
회 분(g)		0.6		철	0.3
비타민	A(I.U)	0	비타민	B1(mg)	0.03
	B2(mg)	0.03		나이아신	0.6
	C(mg)	17			

[구글 드라이브의 Google 프레젠테이션 사용 기능 및 순서]

구글 드라이브에 파일 업로드하기 / 프레젠테이션 파일 열기 및 슬라이드 배경 지정하기 / 워드아트 사용하기 / 표 만들고 디자인 서식 수정하기 / 공동 작업자에게 이메일 보내기

⓪1 구글 드라이브에 파일 업로드하기

① 구글 드라이브의 [개인폴더]로 이동한 후 [새로 만들기]-[파일 업로드]를 클릭합니다.

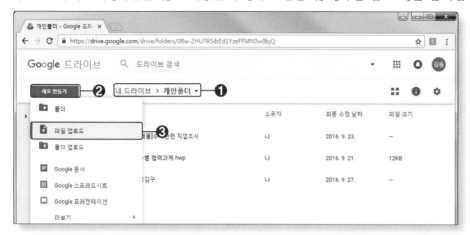

② [열기] 대화상자가 표시되면 폴더 위치(Ch08)를 지정한 후 파일 이름(배경1.tif, 우리고장 특산물.pptx)을 선택한 다음 [열기] 단추를 클릭합니다.

③ [내 드라이브]-[개인폴더] 위치에 선택한 파일(배경1.tif, 우리고장 특산물.pptx)이 업로드됩니다.

◯2 프레젠테이션 파일 열기 및 슬라이드 배경 지정하기

① [개인폴더] 위치의 '우리고장 특산물.pptx' 파일을 더블클릭하여 새로운 탭에 열고 슬라이드 배경을 지정하기 위해 도구 상자의 [배경 변경]을 클릭합니다.

② [배경] 대화상자가 표시되면 이미지 항목의 [선택]을 클릭한 후 [배경 이미지 삽입] 대화상자에서 [Google 드라이브] 탭을 클릭합니다.

③ [내 드라이브] 탭에 폴더 목록이 표시되면 [개인폴더]를 더블클릭하여 이동한 후 '배경1.tif' 파일을 선택한 다음 [선택] 단추를 클릭합니다.

④ [배경] 대화상자가 다시 표시되면 [테마에 추가] 단추를 클릭한 후 [완료] 단추를 클릭합니다.

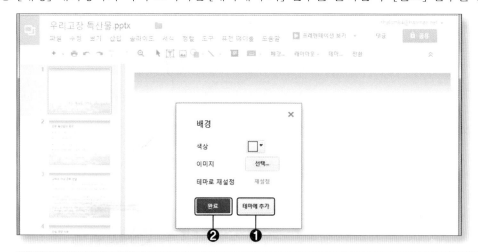

[배경] 대화상자 살펴보기
- **색상** : 슬라이드의 배경을 단색 목록에서 선택한 색으로 설정할 수 있습니다.
- **이미지** : 슬라이드의 배경 이미지를 직접 업로드하거나 스냅샷 촬영, URL 주소 입력 등으로 지정할 수 있으며, 앨범 및 구글 드라이브의 저장된 그림 파일을 선택하여 설정할 수도 있습니다.
- **테마로 재설정** : 테마 목록에서 제공하는 테마 스타일을 선택하여 슬라이드 배경으로 설정할 수 있습니다.
- **테마에 추가** : 현재 대화상자에서 설정한 배경을 새로운 테마로 추가하고 모든 슬라이드에 적용할 수 있습니다.
- **완료** : 현재 대화상자에서 설정한 배경을 현재 슬라이드에 적용할 수 있습니다.

⑤ 모든 슬라이드에 선택한 파일(배경.tif)이 배경으로 지정됩니다.

현재 선택된 슬라이드에만 배경이 지정되었다면 [배경] 대화상자에서 '배경1.tif' 파일을 배경으로 지정한 후 [테마에 추가] 단추를 클릭한 다음 [완료] 단추를 클릭합니다.

◯3 워드아트(WordArt)를 이용하여 슬라이드 제목 만들기

① 1번 슬라이드를 선택한 후 [삽입]-[WordArt] 메뉴를 클릭합니다. 워드아트의 텍스트를 입력할 수 있는 상자가 표시되면 제목(강화의 특산물 소개)을 입력한 후 Enter 를 누릅니다.

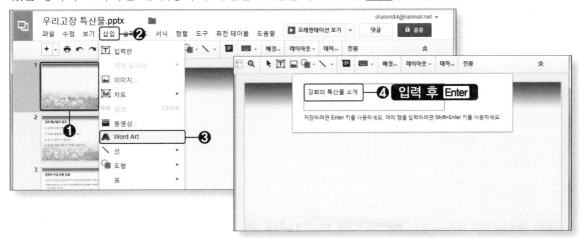

② 슬라이드에 제목이 표시되면 글꼴(맑은 고딕), 굵게(B), 채우기 색상(노랑), 선 색상(빨강), 선 두께 (2px) 등을 수정합니다.

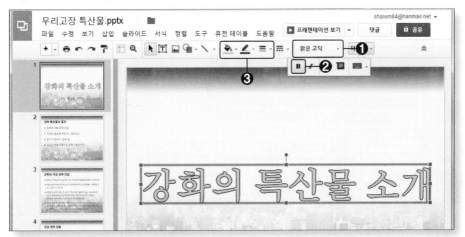

③ 수정된 워드아트 제목을 크기 조절 후 마우스로 드래그하여 적당한 위치에 이동합니다.

04 표 만들고 디자인 서식 수정하기

① 6번 슬라이드를 선택한 후 [삽입]-[표] 메뉴를 클릭한 다음 표 목록에서 [6×7] 위치를 클릭합니다.

② 슬라이드에 표가 삽입되면 표 개체가 선택된 상태에서 글꼴(맑은 고딕), 글꼴 크기(20), 굵게(B),
정렬(≣, ≑) 등을 지정한 후 위치 이동 및 가로 크기를 약간 늘려 표시합니다.

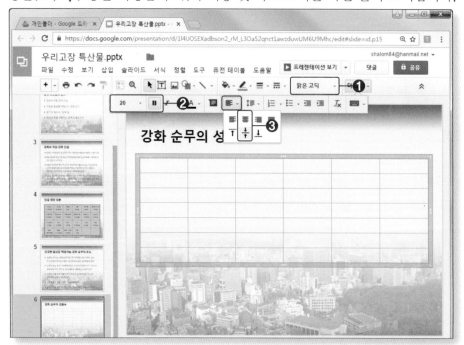

표의 이동 및 크기 조절하기

• **표 이동하기** : 표의 테두리에 표시된 파란색 띠 모양에 마우스 포인터를 위치하여 ✛ 모양으로 바뀌면 드래그합니다.
• **표 크기 조절하기** : 표의 테두리에 표시된 파란색 띠에서 크기 조절점(▭, ▮, ▫)을 드래그하면 마우스 포인터의 화살표 방향으로
크기를 조절할 수 있습니다.

③ 표의 첫 번째 행에서 앞에 위치한 두 개의 열을 드래그하여 블록으로 지정한 후 마우스 오른쪽 단추를 눌러 바로 가기 메뉴의 [셀 병합]을 클릭합니다.

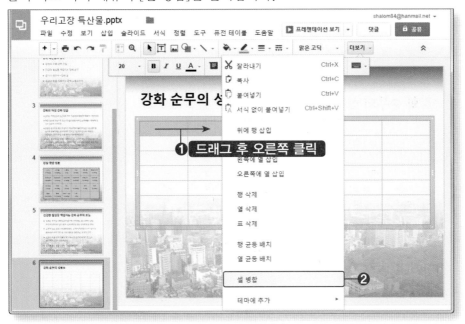

④ 같은 방법으로 [셀 병합] 기능을 이용하여 다음과 같이 표를 수정한 후 내용을 입력합니다.

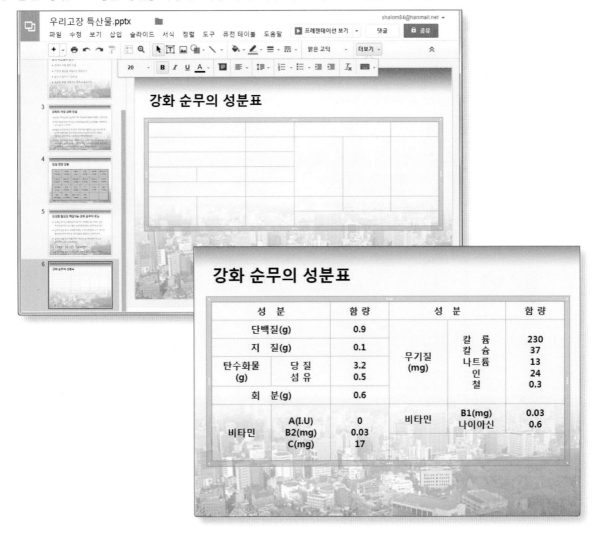

⑤ 표의 세로 크기를 늘려준 후 한 셀에 두 줄 이상 입력된 내용 부분을 도구 상자의 🔳-[줄 간격]을 이용하여 '1.5'로 수정합니다.

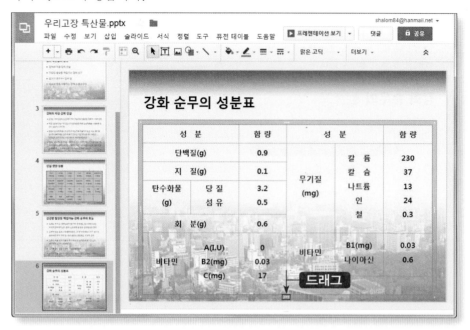

줄 간격 조절하기

표 안에서 줄 간격을 조절할 셀 범위를 드래그하여 블록으로 지정한 후 도구 상자의 🔳-[줄 간격]-[1.5]를 클릭하면 해당 범위의 줄 간격이 1.5 줄 간격으로 수정됩니다.

⑥ 표의 서식을 수정하기 위해 표 개체를 선택한 후 도구 상자의 🔳-[채우기 색상(노랑)] 및 ✏-[선 색상 (파랑)], ≡-[선 두께(2px)]를 선택합니다.

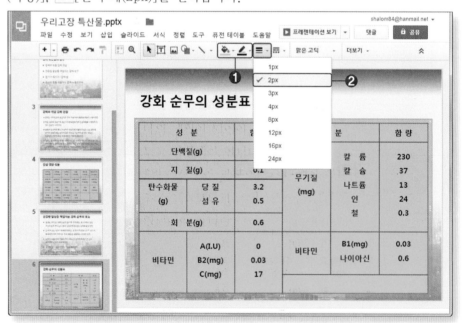

표의 테두리 모양 변경하기

표 전체 또는 변경할 셀을 선택한 후 도구 상자의 🔳-[파선]을 클릭하면 목록이 표시되며, 원하는 모양을 선택하여 변경할 수 있습니다.

⑦ 표의 바깥 테두리만 서식을 수정하기 위해 표 안의 셀을 드래그하여 모두 선택한 후 표의 오른쪽 위에
  표시된 표 테두리 선택 목록 단추(▼)를 클릭한 후 [바깥쪽 테두리 선택(▦)]을 클릭합니다.

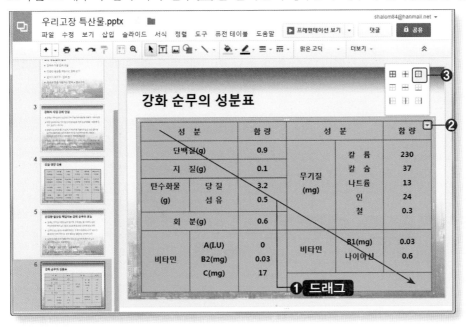

⑧ 표의 바깥 테두리가 선택되면 ✎-[선 색상(진한 파랑3)] 및 ≡-[선 두께(4px)]를 수정한 후 빈 공간을
  클릭하여 표 수정을 종료합니다.

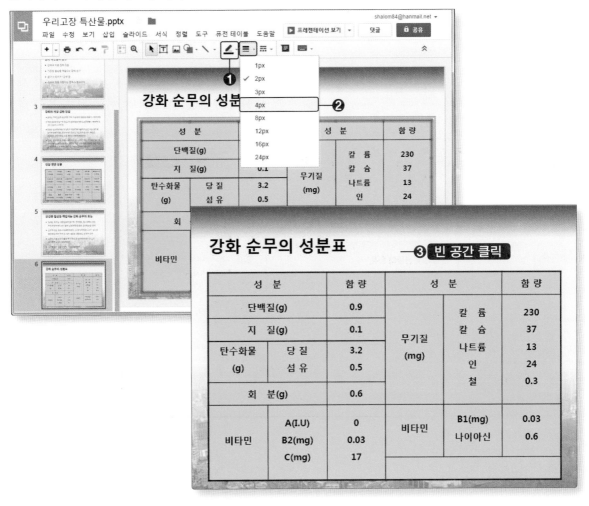

05 공동 작업자에게 이메일 보내기

① [파일]-[공동작업자에게 이메일 보내기] 메뉴를 클릭합니다.

② [다른 사용자와 공유] 대화상자가 표시되면 모둠조의 조원 이메일 주소 및 이메일 내용을 입력한 후 공유 옵션(댓글 작성 가능)을 지정하고 [전송] 단추를 클릭합니다.

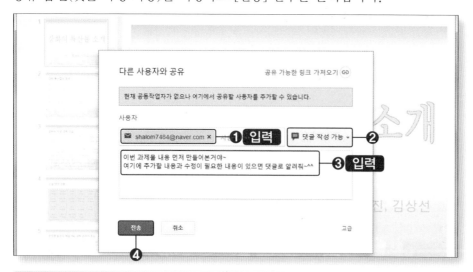

구글 계정이 없는 이메일 주소

입력한 이메일 주소의 사용자가 구글 계정이 없는 경우 초대장과 함께 파일 전송을 계속 할 것인지 묻는 대화상자가 표시되며, [예] 단추를 클릭하면 전송이 이루어집니다. (단, 전송 받은 문서는 구글 계정이 없는 경우 수정 및 댓글은 사용이 제한됨)

③ 이메일로 전송된 모둠 사용자의 편지 내용에서 파일 이름을 클릭할 경우 해당 프레젠테이션 문서가 표시됩니다. 공유 옵션(댓글 사용 가능)에 따라 문서 내용을 수정할 수 있으며, 수정된 내용은 공유된 제공자에게도 적용됩니다.

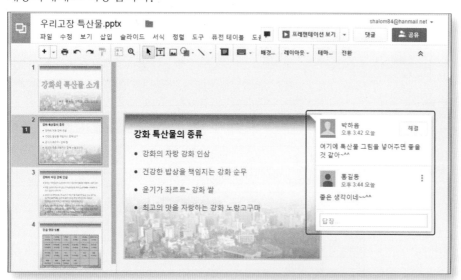

공유 해제하기

공동 작업자에게 이메일 보내기 기능을 사용한 경우 해당 사용자와 문서가 공유되며, 공유 해제의 경우 문서 파일의 바로 가기 메뉴에서 [공유]를 선택하여 이동한 후 공유 해제할 이름을 클릭한 다음 [공유 설정] 대화상자에서 해당 이름 뒤의 ☒를 클릭합니다.

Exercise

[과학] 일식이란 무엇이며, 일식의 종류에 대해 조사하여 발표하시오.

- 샘플 파일 : 일식 조사하기.pptx
- 슬라이드 배경 : 배경2.jpg 파일을 구글 드라이브에 업로드 한 후 슬라이드의 배경으로 사용
- 도형 및 표를 이용하여 프레젠테이션 작성
- 저장 : 구글 드라이브에 저장한 후 선생님 이메일 주소를 공유하여 링크 주소를 전송

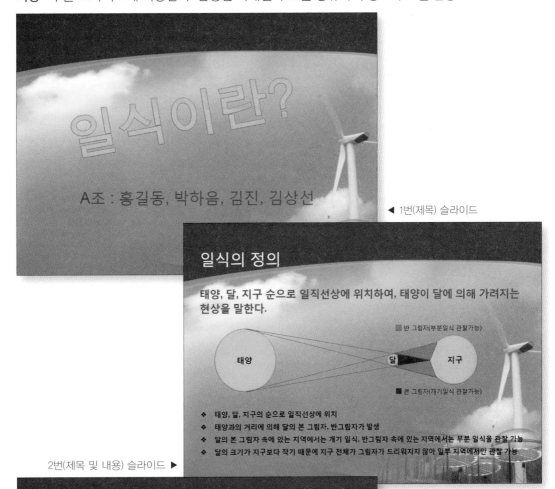

◀ 1번(제목) 슬라이드

◀ 2번(제목 및 내용) 슬라이드 ▶

◀ 3번(제목 및 내용) 슬라이드

09 발표자를 위한 노트 기록 및 연습하기

프레젠테이션 발표의 중요한 점은 청중들에게 전하고자 하는 프레젠테이션 기록물의 핵심 메시지를 정확하게 전달하는 것입니다. 이를 위해서 발표자는 슬라이드 설명에 필요한 내용을 미리 기록해 두는 것이 좋으며, 이에 필요한 기능이 슬라이드 노트입니다. 슬라이드 노트는 프레젠테이션 발표 시 잊기 쉬운 핵심 내용 및 부가적인 설명 등을 기록하여 자칫 실수할 수 있는 상황을 보완해 주며, 진행의 흐름을 자연스럽게 만들어 주는데 도움이 됩니다. 또 한가지 효과적인 프레젠테이션 발표를 위해서는 미리 자주 연습하는 것이 좋습니다. 아무리 슬라이드 노트에 발표에 필요한 내용을 적어 놓았더라도 이는 참고 내용일 뿐 발표는 본인이 스스로가 하는 것이기 때문입니다. 반복된 연습은 발표의 자신감을 높여주고 두려움 보다는 강한 의지를 심어 줄 수 있는 좋은 방법이기 때문입니다.

슬라이드 노트의 사용법

첫째. 슬라이드 노트 기록하기

프레젠테이션 편집 화면 바로 아래쪽에 위치한 슬라이드 노트 영역에 해당 슬라이드에 필요한 기록을 기입합니다.

둘째. 슬라이드 노트 기록 인쇄하기

1. [파일]-[인쇄 설정 및 미리보기] 메뉴를 클릭합니다.
2. 미리보기 화면에서 [슬라이드 1개(발표자 노트 포함)]를 선택합니다.
3. 미리보기 화면에서 [인쇄] 단추를 클릭합니다.

셋째. 프레젠테이션 발표시 슬라이드 노트 기록 보기

1. 도구 상자의 [프레젠테이션 보기]를 클릭하여 프레젠테이션이 실행된 상태에서 화면 아래쪽 [발표자 보기]를 클릭합니다.
2. [발표자 보기] 창이 표시되면 [발표자 노트] 탭을 클릭합니다.
※ [발표자 보기] 창에서는 슬라이드 이동 및 시간 설정, 청중 도구 및 발표자 노트 등을 확인할 수 있습니다.

프레젠테이션 발표자를 위한 TIP - 청중 도구

[발표자 보기] 창에서 [청중 도구] 탭은 컴퓨터 앞에서 발표 내용을 전달 받는 청중이 질문 사항을 올려 발표자에게 전달하는 기능으로 발표자는 해당 질문 사항을 화면에 표시 또는 숨길 수 있습니다.

▲ [청중 도구] 사용시 질문 화면

▲ 청중의 발표화면 위쪽 주소로 질문 제출

인종 차별과 해결 방안 발표하기

인종 차별의 원인 및 해결 방안에 대해 자료를 조사하여 프레젠테이션으로 작성한 후 발표하시오. (완성된 파일을 메일로 직접 보내거나 저장 공유된 주소를 메일로 첨부)

◯ 예상 결과물 미리보기

[구글 드라이브의 Google 프레젠테이션 사용 기능 및 순서]

파일 업로드 및 파일 열기 / 유튜브를 이용한 동영상 삽입하기 / 차트 삽입하기 /
슬라이드 노트 기록 및 화면 전환 사용하기 / 프레젠테이션 보기 및 발표자 노트 활용하기

⓪1 구글 드라이브에 파일 업로드 및 파일 열기

① 구글 드라이브의 [개인폴더]로 이동한 후 [새로 만들기]-[파일 업로드]를 클릭합니다.

② [열기] 대화상자가 표시되면 폴더 위치(Ch09)를 지정한 후 파일 이름(인종차별.pptx)을 선택한 다음 [열기] 단추를 클릭합니다.

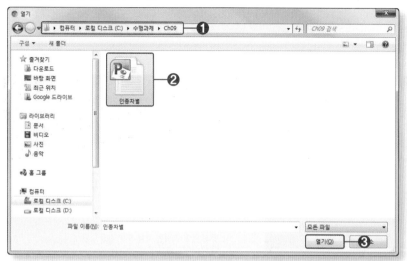

③ [내 드라이브]-[개인폴더] 위치에 선택한 파일(인종차별.pptx)이 업로드되며, '인종차별.pptx' 파일을 더블클릭하면 새로운 탭에 해당 문서가 열립니다.

ⓞ2 유튜브(YouTube)를 이용한 동영상 삽입하기

① '인종차별.pptx' 문서의 4번 슬라이드로 이동한 후 동영상을 삽입하기 위해 [삽입]-[동영상] 메뉴를 클릭합니다.

② [동영상 삽입] 대화상자가 표시되면 [동영상 검색] 탭에서 '인종차별 철폐의 날'을 입력한 후 🔍 [검색] 단추를 클릭합니다.

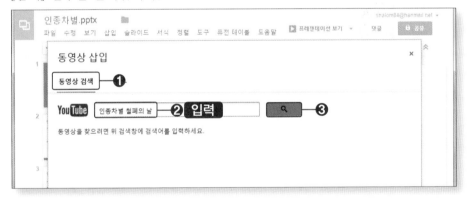

③ 검색 내용에 관련된 동영상 목록이 표시되면 삽입할 동영상을 선택한 후 [선택] 단추를 클릭합니다.

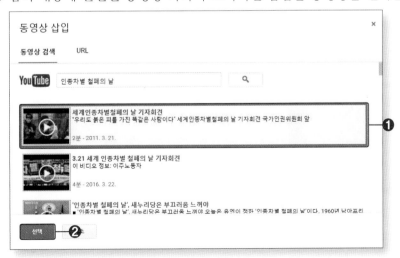

④ 동영상이 슬라이드에 표시되면 크기를 조절한 후 원하는 위치로 이동하여 배치합니다.

URL 주소를 이용하여 동영상 삽입하기

❶ 인터넷 유튜브 사이트에서 동영상을 검색합니다.

❷ 동영상 아래쪽 [공유] 단추를 클릭하여 URL 주소를 표시한 후 복사(Ctrl + C)합니다.

❸ 프레젠테이션 문서에서 [삽입]-[동영상] 메뉴를 선택합니다.

❹ [동영상 삽입] 대화상자의 [URL] 탭에서 붙여넣기(Ctrl + V)한 후 동영상이 표시되면 [선택] 단추를 클릭합니다.

⦿3 차트 삽입하기

① 5번 슬라이드를 선택한 후 세로 막대형 차트를 삽입하기 위해 [삽입]-[차트]-[열] 메뉴를 클릭합니다.

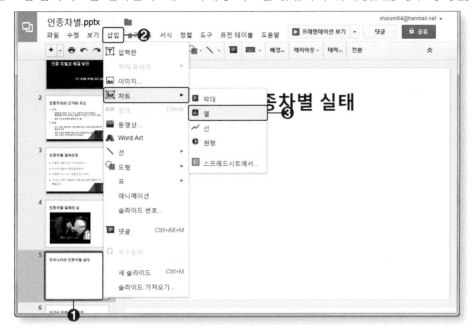

② 슬라이드에 세로 막대형 차트가 표시되면 ☑ [스프레드시트에서 열기]를 클릭하여 [인종차별.pptx - 열 차트] 탭의 스프레드시트 문서를 표시합니다.

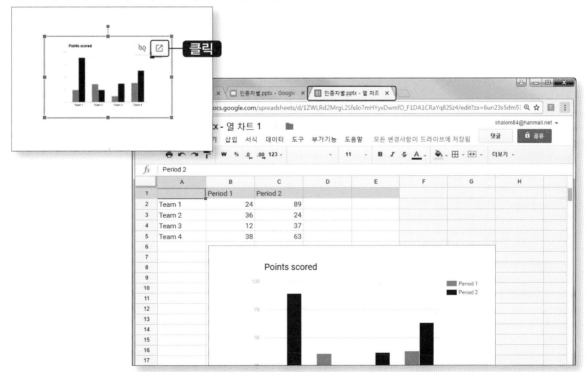

스프레드시트에서 차트 삽입하기

[삽입]-[차트]-[스프레드시트에서] 메뉴를 클릭하면 [차트 삽입] 대화상자의 [스프레드시트] 탭이 표시되며, 구글 드라이브에 저장된 스프레드시트 문서의 목록이 표시됩니다. 해당 스프레드시트 목록에서 차트가 삽입된 파일을 선택한 후 [선택] 단추를 클릭하면 해당 문서의 차트를 프레젠테이션 문서 파일에 삽입할 수 있습니다.

③ 스프레드시트 문서의 내용을 다음과 같이 수정한 후 표시된 차트에서 목록 단추(▼)를 클릭한 다음 [고급 수정]을 클릭합니다.

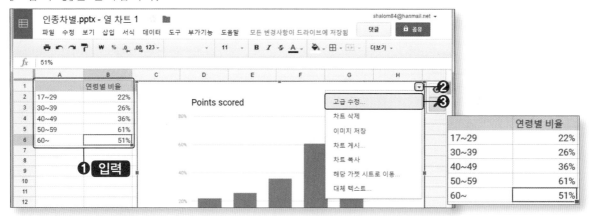

④ [차트 편집기] 대화상자가 표시되면 차트의 제목을 입력한 후 굵게(Ⓑ), 글꼴 크기(18), 글꼴 색상(파랑) 등을 수정한 다음 범례(아래) 위치 및 배경(연한 노랑3) 등을 수정합니다.

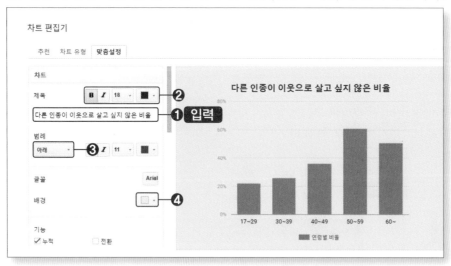

⑤ [차트 편집기] 대화상자의 이동 막대를 아래로 드래그하여 '연령별 비율' 계열의 색상(주황) 및 데이터 라벨의 값을 굵게(Ⓑ), 글꼴 크기(14), 글꼴 색상(파랑) 등으로 수정한 후 [업데이트] 단추를 클릭합니다.

⑥ 스프레드시트 문서에 표시된 차트가 수정되면 [인종차별.pptx] 문서 탭을 클릭하여 이동한 후 슬라이드에 표시된 세로 막대형 차트에서 [업데이트] 단추를 클릭합니다.

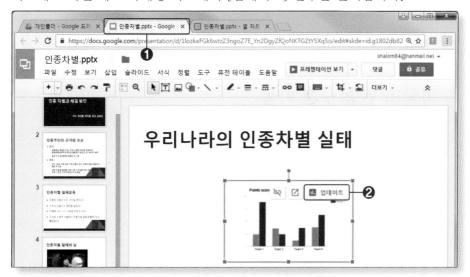

⑦ 스프레드시트 문서에서의 갱신한 차트 모양이 슬라이드에 표시되면 차트의 크기 조절 및 이동하여 원하는 위치에 배치한 후 도구 상자를 이용하여 ✎ -[선 색상(빨강)] 및 ☰ -[선 두께(2px)]를 수정합니다.

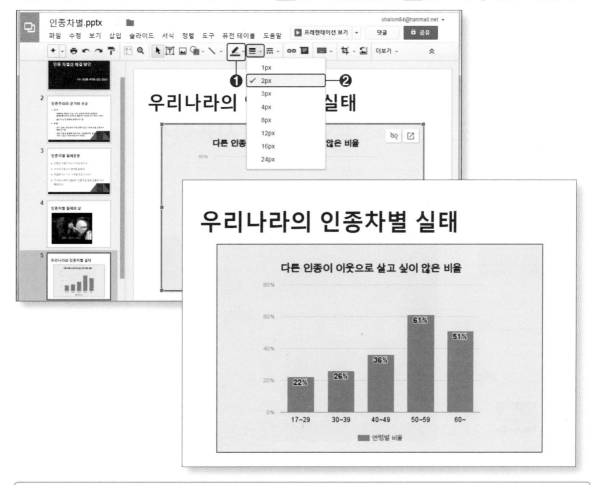

차트에서 직접 수정하기

화면에 표시된 차트의 구성 요소마다 마우스를 클릭하면 수정할 수 있는 도구 목록이 화면에 표시되며, 해당 도구를 클릭하여 차트를 바로 수정할 수 있습니다.

⑧ 6번 슬라이드에 같은 방법으로 다음과 같은 데이터를 이용하여 원형 차트를 삽입합니다.

- 차트 편집 – 맞춤설정 : 배경 – 연한 노랑3, 슬라이스(백분율) – 글꼴 크기(14), 기능 – 3D, 최대화
- 차트 테두리 : 선 색상(빨강), 선 두께(2px)

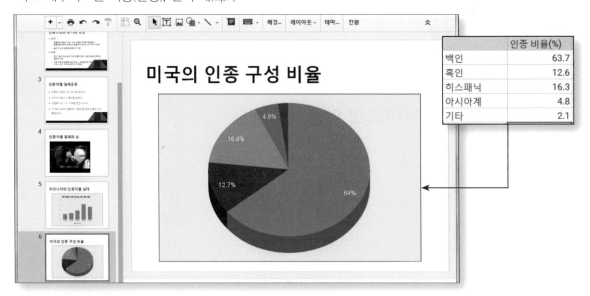

	인종 비율(%)
백인	63.7
흑인	12.6
히스패닉	16.3
아시아계	4.8
기타	2.1

스프레드시트에서 연결 해제하기
차트 개체를 선택한 후 차트의 오른쪽 위에 표시된 [스프레드시트에서 연결 해제]를 클릭하면 원본 스프레드시트 문서와 연결이 해제되어 원본 스프레드시트의 차트를 갱신해도 업데이트를 할 수 없습니다.

○4 슬라이드 노트 기록 및 화면 전환 사용하기

① 1번 슬라이드를 선택한 후 슬라이드 노트 영역의 가로 막대를 드래그하여 크기를 조절한 다음 프레젠테이션 설명에 사용할 내용을 입력합니다.

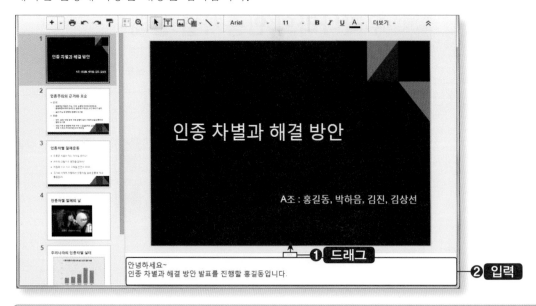

슬라이드 노트 영역은 슬라이드 편집 화면의 아래쪽에 위치하며, 영역의 경계선인 가로 막대를 드래그하면 원하는 크기로 조절할 수 있습니다.

② 같은 방법으로 나머지 슬라이드에도 발표에 사용할 설명을 슬라이드 노트 영역에 입력합니다.

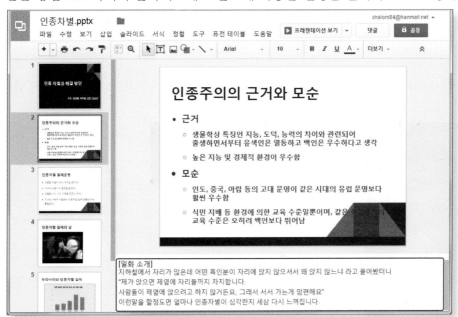

③ 슬라이드의 화면 전환 방법을 설정하기 위해 1번 슬라이드에서 [슬라이드]-[전환 변경] 메뉴를 클릭합니다.

④ 슬라이드 편집 화면 오른쪽에 [애니메이션] 작업창이 표시되면 전환 유형(갤러리) 선택 및 속도(1.5초) 등을 수정한 후 [모든 슬라이드에 적용] 단추를 클릭합니다.

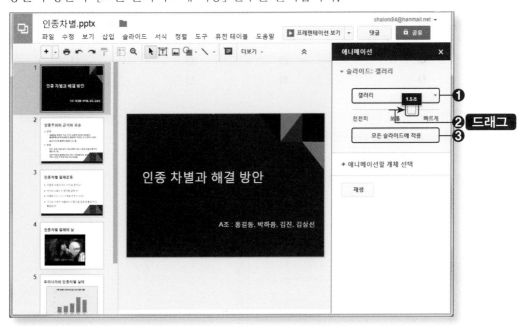

슬라이드 편집창에서 전환 효과 확인하기

슬라이드의 [애니메이션] 작업창에서 [재생] 단추를 클릭하면 현재 지정된 화면 전환 효과를 슬라이드 편집 화면에서 바로 확인할 수 있습니다.

[애니메이션] 작업창 종료하기

[애니메이션] 작업창에서 ❌[닫기] 단추를 클릭하면 화면에 표시된 [애니메이션] 작업창을 종료할 수 있습니다.

프레젠테이션 보기 및 발표자 노트 활용하기

① 1번 슬라이드를 선택하고 도구 상자의 [프레젠테이션 보기]를 클릭합니다.

② 프레젠테이션 보기 화면으로 전환되며 다음과 같은 도구 및 마우스를 사용하여 프레젠테이션 발표를 진행할 수 있습니다.

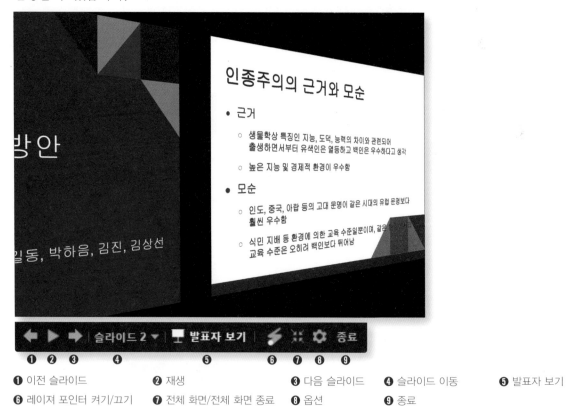

❶ 이전 슬라이드 　 ❷ 재생 　 ❸ 다음 슬라이드 　 ❹ 슬라이드 이동 　 ❺ 발표자 보기
❻ 레이저 포인터 켜기/끄기 　 ❼ 전체 화면/전체 화면 종료 　 ❽ 옵션 　 ❾ 종료

③ 프레젠테이션 보기 상태에서 도구 상자의 [발표자 보기]를 클릭하면 [발표자 보기] 대화상자가 표시되며 [발표자 노트]를 클릭하면 슬라이드에 기록한 슬라이드 노트의 내용이 화면에 표시되어 발표에 활용할 수 있습니다.

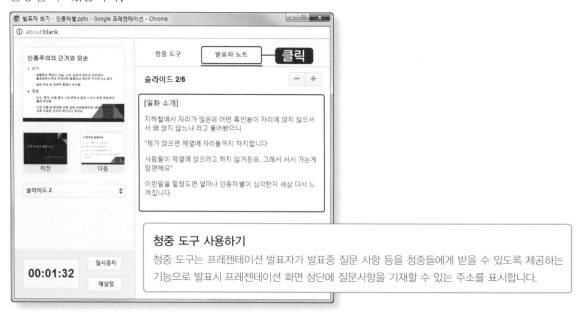

청중 도구 사용하기

청중 도구는 프레젠테이션 발표자가 발표중 질문 사항 등을 청중들에게 받을 수 있도록 제공하는 기능으로 발표시 프레젠테이션 화면 상단에 질문사항을 기재할 수 있는 주소를 표시합니다.

Exercise

[국어] 청소년 담배의 실태 및 담배 문제점 등을 조사하여 조별로 발표하시오.

- 샘플 파일 : 담배.pptx
- 인터넷 검색을 통해 담배의 불법판매 비율 및 담배의 유해성분 등의 정보를 조사
- 원하는 테마 디자인을 지정하고 검색 내용을 이용하여 슬라이드 내용 및 차트 작성
- 임의의 애니메이션 지정 및 발표자를 위한 슬라이드 노트 등을 작성
- **저장** : 구글 드라이브에 저장한 후 선생님 이메일 주소를 공유하여 링크 주소를 전송

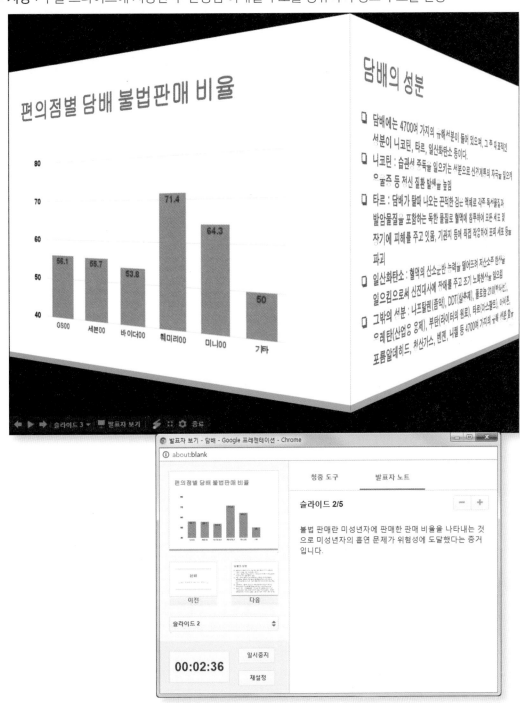

10 수행과제 해결을 위한
자료 조사방법 알아보기

자료 조사 방법에는 조사자가 직접 수집하는 1차 자료 조사 방법과 자료를 수집하고 가공된 자료를 이용하는 2차 자료 조사 방법이 있습니다. 1차 자료 조사 방법은 조사 목적에 적합한 정확도와 신뢰도 등이 높고 수집된 자료를 의사결정에 필요한 시기에 적절히 이용 가능한 장점이 있지만 많은 시간과 인력, 비용이 발생한다는 단점이 있습니다. 2차 자료 조사 방법의 경우 인터넷 등을 이용하여 정부기관이나 신문사, 기업체 등의 자료를 빠르고 쉽게 얻을 수 있는 장점이 있지만 신뢰할 수 있는 자료인지 재차 분석 과정이 필요하며, 자료 조사 목적과 일치하지 않는 경우가 많이 발생할 수 있습니다.

- 1차 조사 방법 : 면접, 설문지, 관찰, 우편조사 등을 통한 조사
- 2차 조사 방법 : 정부기관(통계청), 신문사, 기업체 등의 조사기관에서 제공하는 자료를 통한 조사

자료 조사의 평가기준

- 신뢰성 : 조사된 자료가 오차 없이 얼마나 정확하게 일치하는지를 판단합니다.
- 정확성 : 조사된 자료가 바르고 확실한지를 판단합니다.
- 적합성 : 조사 목적과 조건에 알맞는지를 판단합니다.

자료 조사 방법

▶ 인터넷 검색을 통한 자료 조사

인터넷 검색 엔진을 이용하여 인터넷 신문이나 뉴스 정보 등 신뢰할 수 있는 사이트에서의 정보를 검색하여 필요한 자료를 찾아볼 수 있습니다. 단, 개인 블로그를 통한 정보는 100% 신뢰할 수 있는 정보라고 믿기 어렵기 때문에 반드시 검증 과정을 거쳐야 합니다.

▶ 통계 자료를 활용한 자료 조사

자료를 조사하고 수집 가공하는 사람이나 기관에 의해 만들어진 2차 자료를 이용하는 방법으로 인터넷 기상청, 통계청의 e-나라지표 등 통계 대상 기관을 이용하여 조사하는 방법입니다.

▶ 설문지를 통한 설문 조사

조사할 내용에 대해 설문지를 만들어 조사 대상이 되는 대상자들에게 주어 응답하게 하는 방식으로 사회 조사에 많이 쓰입니다. 최근에는 인터넷을 통해 사진 및 동영상 등으로 꾸며, 설문지를 작성하기도 하지만 조사 대상자의 표본 적합도가 떨어지는 문제점이 발생할 수 있습니다.

▶ 참여 관찰 조사

기후, 환경 등의 이동 장소에 따른 변화의 경우 장소를 이동하며 관측이 필요하고 특정 장소에 따른 유동 인구의 변화 및 성별 등의 분석의 경우 조사원이 고정된 위치에서 관측하여 자료를 수집하는 것이 효과적입니다.

▶ 1:1 또는 1:다수 면접을 통한 자료 조사

직업의 탐구 등 특정 직업군의 자료를 조사할 경우 사용하는 방법으로 해당 직업군의 조사 표본이 되는 직위를 설정하여 직접 찾아가 궁금한 점 등을 조사하는 방법입니다.

설문 조사 기록지 만들기

학교내 축제 행사에 대한 만족도를 알아보는 설문지를 만들어 학생들에게 설문 조사하여 결과를 제출하시오. (완성된 파일을 메일로 직접 보내거나 저장 공유된 주소를 메일로 첨부)

◯ 예상 결과물 미리보기

[구글 드라이브의 Google 설문지 사용 기능 및 순서]

구글 설문지 실행하기 / 설문지에 그림 삽입 및 섹션 나누기 / 설문지의 배경 변경하기 / 설문지 보내기 / 설문지의 설문 조사 작성하기 / 설문지의 조사 내용 확인하기

01 그림 파일 업로드 및 구글 설문지 실행하기

① 구글 드라이브의 [개인폴더]로 이동한 후 그림 파일을 업로드하기 위해 [새로 만들기]-[파일 업로드]를 클릭합니다.

② [열기] 대화상자가 표시되면 업로드할 그림 파일을 선택한 후 [열기] 단추를 클릭합니다.

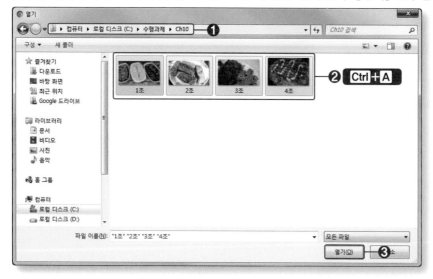

③ 구글 드라이브의 [개인폴더] 위치에 그림 파일이 업로드되어 표시됩니다.

④ 구글 드라이브의 [개인폴더]로 이동한 후 설문지를 작성하기 위해 [새로 만들기]-[Google 설문지]를 클릭합니다.

⑤ [구글 설문지] 탭이 화면에 표시되면 문서의 제목 및 설문조사 제목을 입력한 후 질문 사항(객관식 질문)을 선택한 다음 설문지 문항의 제목을 입력합니다.

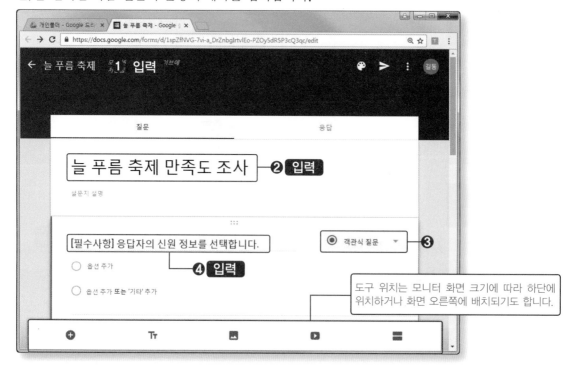

⑥ 객관식 보기 항목을 입력한 후 첫 번째 질문 사항을 필수 질문 사항으로 지정하기 위해 [필수] 항목을 설정한 다음 ➕[질문 추가]를 클릭합니다.

보기 항목 삭제 및 기타 항목 추가하기
• **보기 항목 삭제하기** : 삭제할 보기 항목의 ✕[항목 삭제]를 클릭합니다.
• **기타 항목 추가하기** : 보기의 ['기타' 추가]를 클릭하면 보기에 '기타' 항목이 추가됩니다.

⑦ 두 번째 질문지의 질문 사항(체크박스)을 선택한 후 제목과 보기 내용을 입력합니다.

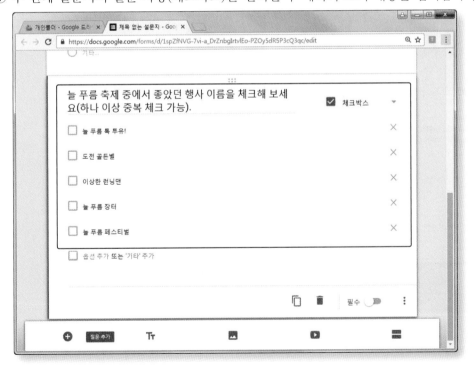

설문지의 질문 사항 살펴보기
설문지의 질문 사항에는 단답형, 장문형, 객관식 질문, 체크박스, 드롭다운, 직선 단계, 객관식 그리드, 날짜, 시간 등이 있으며, 원하는 형식을 선택하여 만들 수 있습니다.

○2 설문지에 그림 삽입 및 섹션 나누기

① 도구 모음의 ➕[질문 추가]를 클릭한 후 세 번째 질문지의 질문 사항(객관식 질문)을 선택하고 제목과 함께 보기 항목의 내용(1조 : 3종 떡볶이 세트)을 입력한 다음 그림을 표시하기 위해 🖼[그림 삽입]을 클릭합니다.

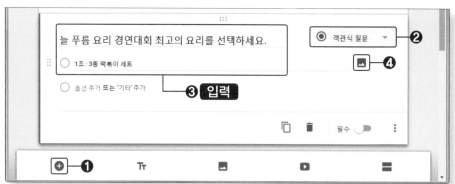

② [이미지 삽입] 대화상자가 표시되면 [Google 드라이브] 탭의 [내 드라이브]–[개인폴더] 위치에서 삽입할 그림(1조.tif)을 선택한 후 [선택] 단추를 클릭합니다.

③ 1번 보기 항목에 그림이 표시됩니다.

④ 같은 방법으로 2 ~ 4번 보기 항목에 내용 및 그림을 다음과 같이 표시한 후 섹션을 추가하기 위해 도구 상자의 ▤[섹션 추가]를 클릭합니다.

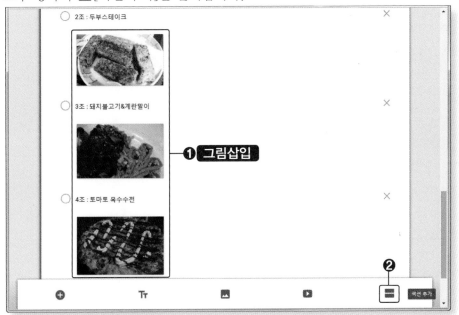

구글 설문지 도구 상자 살펴보기

- ⊕[질문 추가] : 설문지 문항에 질문 제목 및 보기 등을 추가할 수 있습니다.
- Tr[제목 및 설명 추가] : 설문지 문항에 제목 및 설명을 추가할 수 있습니다.
- ▨[이미지 추가] : 설문지의 제목 및 보기 등 커서가 위치한 항목에 그림을 삽입할 수 있습니다.
- ▶[동영상 추가] : 설문지의 제목 및 보기 등 커서가 위치한 항목에 동영상을 삽입할 수 있습니다.
- ▤[섹션 추가] : 설문지의 페이지를 나누어 구분할 수 있습니다.

⑤ 섹션이 나누어지면서 두 번째 섹션이 표시되면 제목 및 설명을 입력하고 ⊕[질문 추가]를 클릭합니다.

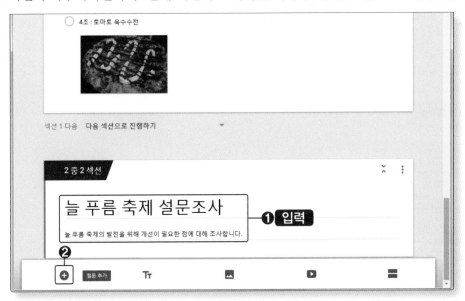

섹션 설정 살펴보기

섹션 항목의 오른쪽 [섹션 설정]을 클릭하면 [섹션 복제], [섹션 삭제], [위와 병합] 메뉴가 표시되며, 현재 섹션을 복제하거나 삭제, 위쪽 섹션과 하나의 섹션으로 합칠 수 있습니다.

⑥ 두 번째 섹션의 첫 번째 질문 사항(체크박스)을 선택한 후 제목 및 내용 등을 입력합니다.

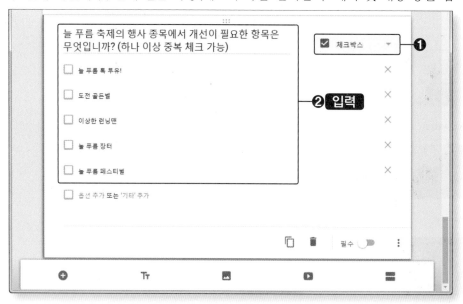

설문지 작성의 [필수] 체크 알아보기

설문지의 질문 내용을 작성할 때 사용할 수 있는 기능인 [필수] 항목은 설문지 내용을 받아본 조사 대상자들에게 반드시 해당 질문 내용을 조사받아야 할 경우 사용하는 기능으로 해당 항목을 기록하지 않으면 설문 조사가 종료되지 않습니다.

⑦ 같은 방법으로 두 번째 질문 사항(객관식 질문)과 세 번째 질문 사항(단답형)을 작성하여 설문지를 완성합니다.

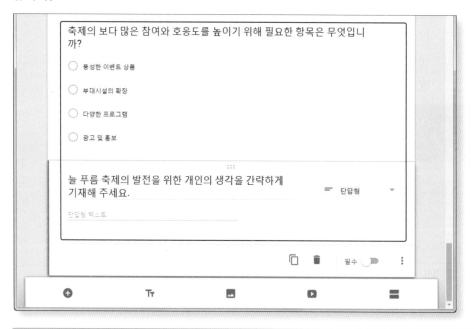

질문 순서 변경하기

설문지의 질문 내용에서 질문 순서를 변경할 경우 제목 위쪽에 표시된 ⠿를 원하는 위치까지 드래그하면 해당 위치로 이동되며, 질문 순서가 변경됩니다.

03 설문지의 배경 변경하기

① 설문지의 배경을 설정하기 위쪽 도구 중에서 🎨[색상 팔레트]를 클릭한 후 원하는 색을 선택하면 지정한 색으로 배경이 변경됩니다.

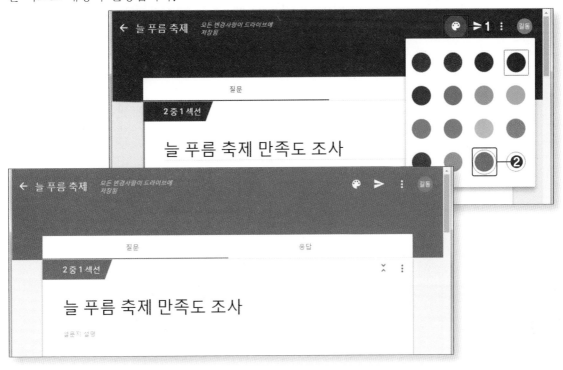

테마 및 앨범 이미지로 배경 설정하기

구글 설문지의 위쪽 도구에서 🎨색상 팔레트]를 클릭한 후 목록에서 🖼를 클릭하면 [테마 선택] 대화상자가 표시되며, 테마 이미지 또는 컴퓨터의 사진을 업로드하거나 구글 드라이브의 앨범에서 원하는 사진을 선택하여 배경으로 지정할 수 있습니다.

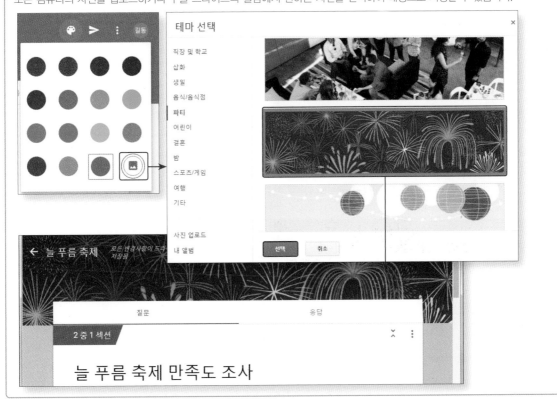

04 설문지 보내기

① 설문지를 조사 대상자들에게 배포하기 위해 위쪽 도구 중에서 [보내기] 단추를 클릭합니다.

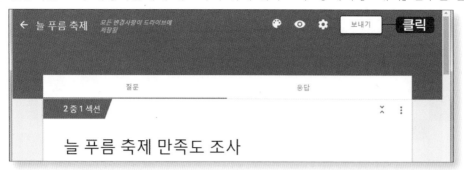

화면 크기에 따른 [보내기] 단추 모양 알아보기

화면 위쪽에 표시되는 [보내기] 단추는 모니터 화면 크기에 따라 아이콘 모양(▷)으로 표시되기도 합니다.

② [설문지 보내기] 대화상자가 표시되면 전송용 앱 항목의 ✉[이메일]을 선택한 후 받는 사람의 이메일 주소와 제목, 메시지 내용 등을 입력한 다음 [보내기]를 클릭합니다.

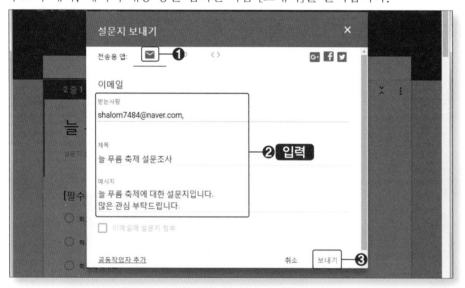

주소 링크 복사하여 카톡 등 SNS로 보내기

[설문지 보내기] 대화상자의 🔗[링크]를 클릭하면 설문지 내용에 해당하는 주소가 표시되며, [URL단축]을 체크하면 간략한 주소를 표시합니다. 해당 주소를 복사한 후 카카오톡 등 SNS에 주소를 붙여넣기 하면 조사 대상자 그룹에 한꺼번에 설문지 내용을 전송할 수 있습니다.

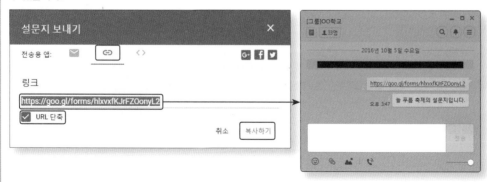

05 설문지의 설문 조사 작성하기

① 카카오톡 등 SNS로 받은 주소를 클릭하거나 이메일로 전송된 메일 내용의 제목을 클릭합니다.

② 설문지 내용이 표시되면 질문 사항을 체크하며, 섹션으로 나누어진 경우 [다음]을 클릭하여 페이지를 전환하고 나머지 내용을 모두 체크한 후 [제출] 단추를 클릭합니다.

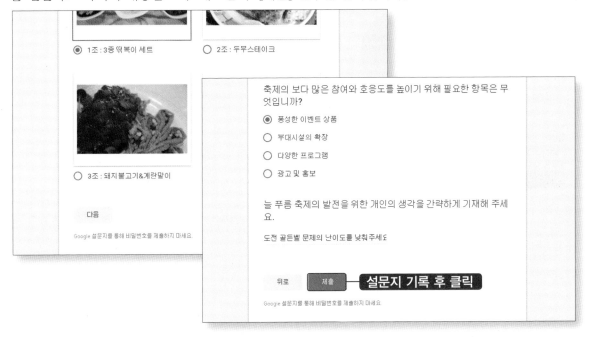

③ 대화상자에 응답이 기록되었다는 메시지가 표시되면 설문지를 종료합니다.

06 설문지의 조사 내용 확인하기

① [Google 드라이브]의 [개인폴더] 위치에서 [늘 푸름 축제] 파일을 더블클릭하여 [늘 푸름 축제] 탭의 설문지 내용을 표시한 후 [응답] 항목의 숫자를 클릭합니다.

② 설문지의 응답 내용을 모두 요약하여 표시하거나 개별 보기 방식으로 확인할 수 있습니다.

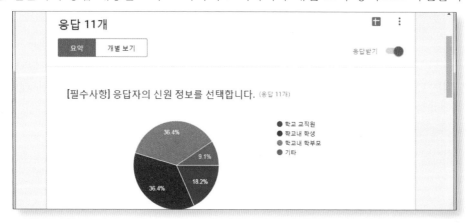

③ 화면 위쪽 ➕[스프레드시트 만들기]를 클릭하면 [응답 수집 장소 선택] 대화상자가 표시되며, [새 스프레드시트 만들기]를 선택한 후 [만들기] 단추를 클릭하면 새로운 스프레드시트에 설문지의 응답 내용이 한꺼번에 기록되어 표시됩니다.

Exercise

[실과] 주변 친구들의 수면과 식습관에 대해 설문조사하여 제출하시오.

- 모둠별로 수면과 식습관에 관해 조사할 내용을 의논하여 문제지 작성
- 구글 드라이브의 설문조사를 이용하여 설문지를 작성하고 주변 친구들에게 공유하여 설문조사
- 조사된 결과를 이용하여 분석하여 모둠별로 정리
- 모둠별 설문지 및 설문 결과를 공유하여 선생님 메일로 제출

청소년 생활습관 조사하기

청소년 수면량 및 식습관 관련 실태 조사입니다.

* 필수항목

현재 취하는 수면 시간은 어떻게 되십니까? *
- ○ 6시간 이하
- ○ 6시간~7시간
- ○ 7시간~8시간
- ○ 8시간 이상

필수 질문입니다.

현재 취하는 수면량에 대해 만족하십니까? *
- ○ 만족합니다.
- ○ 대체로 만족합니다.
- ○ 조금 부족합니다.
- ○ 많이 부족합니다.

필수 질문입니다.

수면량이 부족하다면 부족하게 된 원인은 무엇입니까?
- ☐ 부모님의 늦은 귀가시간
- ☐ 학교 및 학원 과제물로 인한 시간
- ☐ TV 시청 또는 스마트폰 사용 시간
- ☐ 습관화된 생활패턴

적당한 수면을 위한 올바른 방법은 무엇이라고 생각하십니까? *

내 답변

필수 질문입니다.

다음

Google 설문지를 통해 비밀번호를 제출하지 마세요.

청소년 생활습관 조사하기

* 필수항목

청소년 생활습관 조사하기

청소년 수면량 및 식습관 관련 실태 조사입니다.

아침에 등교 전 아침 식사는 어떻게 하십니까? *
- ○ 아침을 아예 먹지 않는다.
- ○ 가끔 먹는다.
- ○ 아침은 항상 먹는다.

아침 식사를 하지 않는다면 이유는 무엇입니까?
- ○ 늦게 일어나 학교에 지각할 것 같아서
- ○ 부모님이 준비해 주지 않아서
- ○ 먹으면 속이 거북하거나 아파서
- ○ 좋아하는 메뉴가 없어서

일주일 동안 가족과 함께 식사하는 횟수는 어떻게 되십니까? *
- ○ 7회 미만
- ○ 7회 ~ 14회 미만
- ○ 14회 이상

가족과 함께 식사할 때에 식습관은 어떻습니까? *
- ○ 육류 위주로 섭취한다.
- ○ 곡물과 채소 위주로 섭취한다.
- ○ 가리지 않고 골고루 잘 먹는다.
- ○ 인스턴트 음식 위주로 섭취한다.

올바른 식습관을 위해 필요한 점은 무엇이고 생각하십니까? *

내 답변

뒤로　　제출

Google 설문지를 통해 비밀번호를 제출하지 마세요.

Part **3**

유틸리티 사용하기

과제물 해결을 위한 필수 유틸리티 알아보기

유틸리티란 컴퓨터 이용에 도움이 되는 프로그램으로 다양한 과목의 과제물을 해결하기 위해서는 보다 다양한 종류의 유틸리티 프로그램에 대해 이해할 수 있어야 합니다. 과제물의 여러 가지 문제 해결을 위해 필요한 프로그램에는 어떤 종류들이 있는지 알아보겠습니다.

유틸리티의 종류

▶ 문서 작성 유틸리티

문서를 작성하고 편집, 저장, 인쇄하는 기능을 갖춘 프로그램으로 일반적으로 가장 많이 사용하는 프로그램인 한글과 컴퓨터의 한글 프로그램과 마이크로소프트사의 MS-Word 등이 있습니다.

▶ 프레젠테이션 유틸리티

발표회나 세미나 등에서 효과적인 의사 표현을 위해 사용하는 프로그램으로 마이크로소프트사의 파워포인트와 한글과 컴퓨터의 한쇼 등이 있으며, 웹에서 바로 사용 가능한 구글 드라이브의 Google 프레젠테이션 등이 있습니다.

▶ 이미지 편집 관련 유틸리티

이미지 관련 프로그램의 경우 이미지 형식에 따라 페인팅 방식, 드로인 방식, 리터칭 방식 등으로 나눌 수 있는데 페인팅 방식의 경우 비트맵 방식의 그림판이 있으며, 드로인 방식에는 벡터 형식의 데이터를 다루는 일러스트레이터, 리터칭 방식에는 이미지에 다양한 효과를 주어 새롭게 표현하는 포토샵, 페인트 샵 프로 등과 별도의 프로그램을 설치하지 않고 웹을 이용하여 바로 이미지를 편집할 수 있는 구글 드라이브의 픽슬러 등이 있습니다.

▶ 동영상 편집 관련 유틸리티

수행과제 등에 사용되는 영상의 경우 여러 장의 이미지에 음악을 더하여 완성하는 알씨 동영상 프로그램이나 영상과 영상을 자르고 이어 붙이며, 자막 등을 편집할 수 있는 무비 메이커 프로그램 등이 있습니다.

▶ 그밖의 기타 유틸리티

체험활동 및 문화기행 탐방 등 지역적인 부분의 설명에 적합한 구글 내 지도 및 마인드 맵 제작에 사용하는 알 마인드, 악보 만들기 및 악보 음악 재생에 사용되는 뮤즈스코어 등의 학습 과제물에는 다양한 유틸리티가 사용될 수 있습니다.

11 음악편집 프로그램 사용하기

뮤즈스코어(MuseScore)는 마이크로소프트 윈도우 및 맥킨토시(MAC) 그리고 리눅스(Linux)를 위한 오픈소스 음악 표기 프로그램입니다. 뮤직스코어는 악보를 만들고 재생하며, MusicXML 및 표준 미디(MIDI) 파일을 가져와 편집할 수 있고 PDF, SVG, PNG 등 다양한 방법으로 출력할 수 있습니다. 또한 재생되는 음을 오디오(WAV, Ogg, FLAC, MP3) 파일로 출력이 가능합니다.

뮤즈스코어(MuseScore)는 수행평가의 음악에 관련된 과제에 사용하기에 적합한 프로그램으로 악보를 만들고 재생하는 등 기존의 음악 또는 창작 음악을 만들기에 적당한 프로그램 입니다.

뮤즈스코어(MuseScore)의 기본 환경 살펴보기

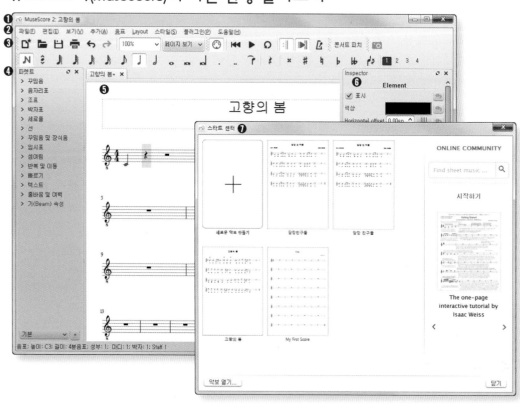

❶ 제목 표시줄   ❷ 메뉴 표시줄   ❸ 도구 상자   ❹ 파렛트(고급/기본)
❺ 작업창   ❻ 정보 보기   ❼ 스타트 센터

수행평가에서 적용 가능한 기능

• 한글 문서 및 오피스 문서 등에서 만들어진 악보를 캡처하여 이미지로 표시할 수 있습니다.

• 한글 문서 및 오피스 문서 등에서 만들어진 악보의 음악을 링크로 연결하여 재생할 수 있습니다.

• 완성된 악보를 PDF 등의 파일로 생성할 수 있습니다.

창작 음악 만들기

음악 1단원에서 배운 동요의 음악에 맞게 가사를 개사하거나 새로운 창작 동요를 만들어 악보 및 재생 음악 파일을 제출하시오.

◎ 예상 결과물 미리보기

[뮤즈스코어(MuseScore) 프로그램의 사용 기능 및 순서]

뮤즈스코어 실행 및 악보 생성하기 / 뮤즈스코어 악보 그리기 / 악보에 가사 입력하기

악보 음악 재생하기 / 악보 저장하기 / 악보 캡처하여 문서에 저장하고 소리 파일 연결하기

뮤즈스코어 실행 및 악보 생성하기

① [시작] 단추를 클릭한 후 [MuseScore2] 메뉴를 클릭하여 프로그램을 실행합니다.

> **뮤즈스코어(MuseScore) 설치하기**
> 교재에 관련된 자료를 렉스미디어 사이트(http:www.rexmedia.net)에서 다운로드 받으면 [수행과제]–[Ch11] 폴더에 설치 파일 및 설치에 관련된 PDF 문서 파일을 참고하여 설치할 수 있습니다.

② 뮤직스코어 프로그램이 실행되면서 [스타트 센터] 대화상자가 표시되면 새로운 악보를 만들기 위해 [새로운 악보 만들기]를 선택합니다.

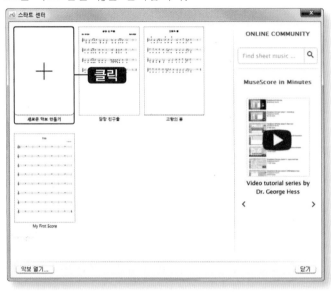

> **[스타트 센터] 대화상자 표시하기**
> [스타트 센터] 대화상자는 새로운 악보를 생성 및 최근에 사용한 악보, 저장된 악보 파일을 열 수 있고 온라인 커뮤니티와 연결하여 악보를 표시할 수 있습니다. 처음 실행할 때 표시되는 [스타트 센터] 대화상자는 [보기]–[스타트 센터] 메뉴를 클릭해도 표시됩니다.

③ [새로운 악보 만들기] 대화상자의 첫 번째 단계가 표시되면 제목(담장 친구들)을 입력한 후 작곡가(작곡 : 홍길동), 작사가(작사 : 홍길동) 등을 입력하고 [다음] 단추를 클릭합니다.

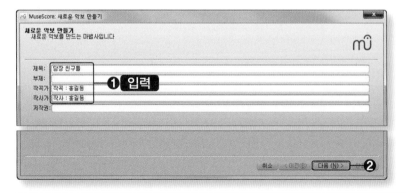

> **새로운 악보 만들기**
> [파일]–[새로 만들기] 메뉴를 클릭하거나 도구 상자의 🗋[새로운 악보 만들기]를 클릭하면 [새로운 악보 만들기] 대화상자가 표시되며, 제목 및 부제, 작곡가, 작사가, 저작권 등은 입력하지 않아도 다음 단계로 진행이 가능하고 나중에 수정할 수도 있습니다.

④ [새로운 악보 만들기] 대화상자의 두 번째 단계로 템플릿 파일 선택 화면이 표시되면 [Solo] 항목의 [Guitar]를 선택합니다.

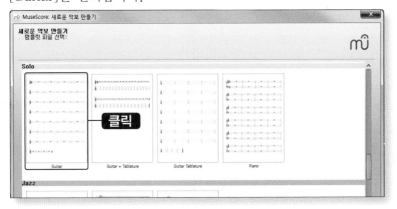

템플릿 파일 선택하기

[새로운 악보 만들기] 대화상자의 템플릿 파일 선택 단계는 악보에 사용할 악기를 선택하는 단계로 [General] 항목의 [악기 선택]을 클릭하면 원하는 악기를 추가하여 악보를 만들 수 있습니다.

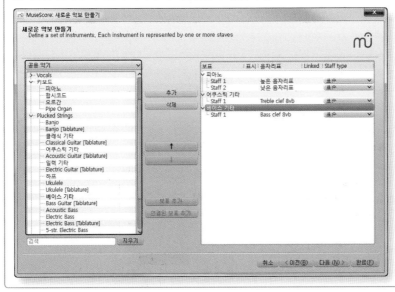

⑤ [새로운 악보 만들기] 대화상자의 세 번째 단계로 조표와 빠르기 선택 화면이 표시되면 ≡[다 장조]의 조표를 선택한 후 [다음] 단추를 클릭합니다.

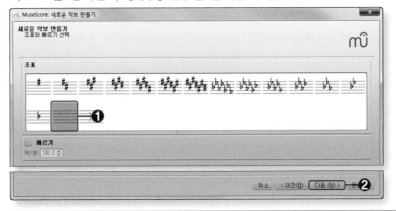

빠르기 지정하기

[새로운 악보 만들기] 대화상자의 세 번째 단계에서 [빠르기] 항목을 체크하면 악보의 빠르기를 분당 박자 수로 지정할 수 있습니다.

⑥ [새로운 악보 만들기] 대화상자의 박자표 만들기 화면이 표시되면 박자(4/4) 및 악보의 마디 수(16)를 입력한 후 [완료] 단추를 클릭합니다.

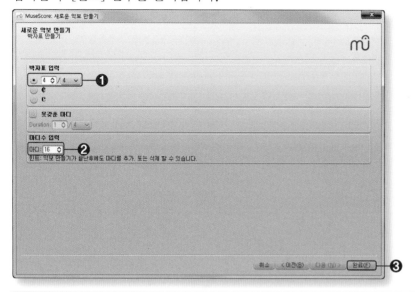

> **못갖춘 마디의 악보 만들기**
>
> 못갖춘 마디란 박자표에 제시된 박자에 부족한 마디를 뜻하며, 첫 마디와 끝 마디에서 박자의 수가 다 갖추어지지 못했을 경우를 못갖춘 마디라고 합니다. 못갖춘 마디를 생성하기 위해서는 한 마디의 전체 박자에서 표시할 박자의 수를 입력하여 생성합니다.

⑦ 뮤직스코어 프로그램에 새로운 악보(담장친구들)가 생성되어 표시됩니다. 왼쪽 파렛트를 [고급]으로 수정한 후 작업창을 크게 보기 위해 [Inspector] 정보 보기창의 ✕[닫기]를 클릭하여 종료합니다.

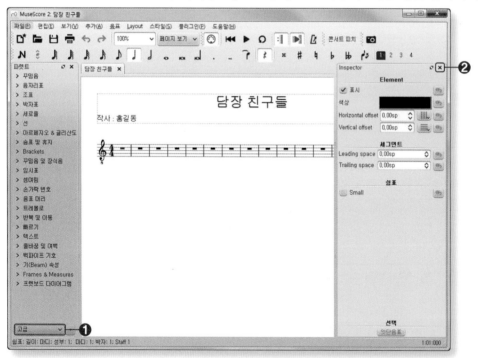

> **악보작업 화면 확대 및 축소하기**
>
> • **화면 확대하기** : [보기]-[확대] 메뉴를 클릭하거나 키보드의 **Ctrl**+**+**를 누릅니다.
> • **화면 축소하기** : [보기]-[축소] 메뉴를 클릭하거나 키보드의 **Ctrl**+**−**를 누릅니다.
> • **화면 확대/축소하기** : 도구 상자의 100% 를 눌러 원하는 배율을 선택하거나 **Ctrl**을 누른 상태에서 휠을 위/아래로 움직입니다.

○2 뮤즈스코어 악보 그리기

① 도구 상자의 N[음표 입력]을 클릭한 후 ♩[4분 음표]를 선택한 다음 첫 번째 마디에서 마우스로 원하는 음의 위치를 클릭합니다.

악보 입력에 사용하는 기능 살펴보기

- **단축키를 이용한 음표 선택** : 64분음표(1), 32분음표(2), 16분음표(3), 8분음표(4), 4분음표(5), 2분음표(6), 온음표(7) 등으로 숫자를 눌러 음표를 선택할 수 있습니다.
- **음표 삭제** : 방향키를 이용하여 셀 포인터를 삭제할 음표에 위치한 후 Delete 를 눌러 삭제하며, 삭제한 음표에 따라 뒤에 쉼표로 바뀌어 표시되기도 하지만 마디 안에 박자에 맞게 음표를 입력하면 자동으로 쉼표가 없어집니다.
- **기록한 음표의 음 수정** : 기록한 음표에 셀 포인터를 위치하고 키보드의 상하 방향키(↑)(↓)를 누르면 방향키의 방향에 따라 반음/온음 단위로 음이 수정되어 표시됩니다.
- **되돌리기 및 다시실행** : 최근 작업을 취소하거나 다시 실행하는 기능으로 도구 상자의 [되돌리기(↶)]/[다시실행(↷)]을 클릭하거나 키보드의 되돌리기(Ctrl)+(Z)/다시실행(Ctrl)+(Y) 키를 이용할 수 있습니다.

---

② 같은 방법을 이용하여 4개의 마디에 음표를 입력한 후 도구 상자의 N[음표 입력]을 선택 해제하거나 Esc 를 눌러 음표 입력을 종료한 다음 4번째 마디를 클릭하고 Enter 를 누릅니다.

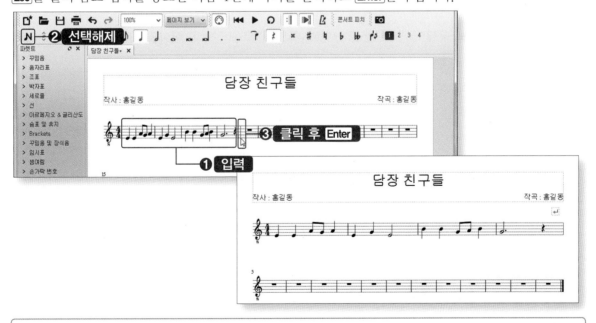

줄 바꾸기

파렛트 목록에서 [줄바꿈 및 여백] 항목의 ⏎[줄 바꿈] 아이콘을 악보에서 줄을 바꾸려는 마디(4번째 마디) 부분까지 드래그하여 위치시켜도 해당 마디 이후의 마디가 다음 줄로 넘어갑니다.

③ 같은 방법으로 다음과 같이 나머지 음표를 기록합니다.

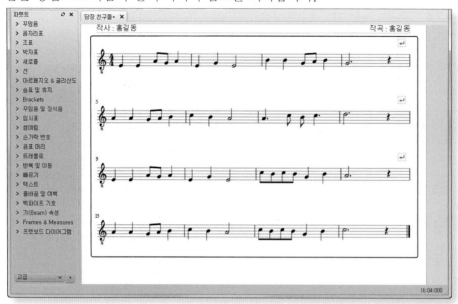

건반을 이용한 음표 입력하기

[보기]-[피아노 건반] 메뉴를 클릭하면 화면 아래쪽에 건반이 표시되며, 음표 입력 상태에서 건반을 눌러 선택한 음표를 오선지에 기록할 수 있습니다.

○3 악보에 가사 입력하기

① 음표 입력이 종료된 상태에서 첫 번째 마디의 처음 음표를 선택한 후 [추가]-[Text]-[가사] 메뉴를 클릭합니다.

② 커서가 첫 번째 음표 아래에 위치하면 "작"을 입력한 후 오른쪽 방향키(➡)를 누릅니다. 같은 방법으로 다음과 같이 가사를 입력합니다.

04 악보 음악 재생하기

① 음악을 재생하기 위해 첫 번째 음표를 선택한 후 도구 상자의 ▶[재생 시작]을 클릭합니다.

원하는 부분 반복 재생하기

❶ 첫 번째 마디를 클릭한 후 키보드의 Shift 를 누른 상태에서 마지막 마디를 클릭하여 반복 재생할 부분을 선택합니다.

❷ 도구 상자의 ○[재생 반복]을 클릭하여 반복 구간을 지정한 다음 ▶[재생 시작]을 클릭합니다.

② 악보 내용의 처음 부분부터 끝까지 음악이 재생됩니다.

음악 재생에 관련된 도구 살펴보기

· 시작점까지 되감기(◄◄) : 음악 재생을 위한 위치를 처음 시작점 위치로 이동합니다.

· 재생 시작/정지(▶) : 음악을 재생하거나 재생되는 음악을 정지할 수 있습니다.

· 재생 반복(○) : 악보에서 범위를 지정한 경우 해당 범위만, 범위를 지정하지 않은 경우 전체 악보 내용을 반복하여 재생합니다.

· 재생 중 메트로놈 듣기(♫) : 음악을 재생할 때에 메트로놈 소리도 함께 재생합니다.

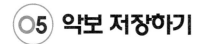

05 악보 저장하기

① 완성된 악보를 저장하기 위해 [파일]-[저장] 메뉴를 클릭합니다.

② [MuseScore 악보 저장] 대화상자가 표시되면 저장 위치(문서) 및 파일 이름(담장친구들)을 입력한 후 [저장] 단추를 클릭합니다.

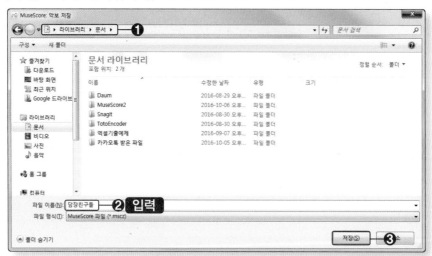

③ 악보의 재생 음악을 소리 파일로 저장하기 위해 [파일]-[내보내기] 메뉴를 클릭합니다.

④ [내보내기] 대화상자가 표시되면 저장 위치(문서) 및 파일 이름(담장친구들)을 입력한 후 파일 형식 (Wave 오디오 (*.wav))을 지정한 다음 [저장] 단추를 클릭합니다.

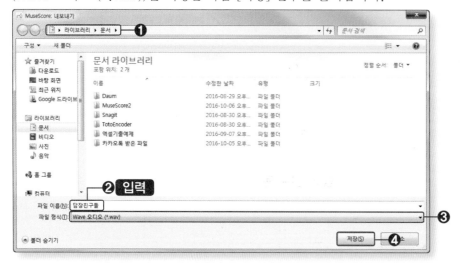

뮤즈스코어 프로그램의 저장 형식 살펴보기

뮤즈스코어 프로그램의 기본 저장 형식은 '*.mscz' 형식으로 압축하거나 압축하지 않은 파일 형식으로 저장이 가능하며, [파일]-[내보내기] 메뉴를 이용하여 PDF 파일(*.pdf), PNG 비트맵 그래픽(*.png), 스케일러블 벡터 그래픽스(*.svg) 형식 등과 Wave 오디오(*.wav), FLAC 오디오(*.flac), Ogg Vorbis Audio(*.ogg), MP3 오디오(*.mp3), 표준 MIDI 파일(*.mid), MusicXML 파일(*.xml), 압축 Music XML 파일(*.mxl), 미압축 MusicScore 파일(*.mscx) 등으로 저장할 수 있습니다.

06 악보 캡처하여 문서에 삽입하고 소리 파일 연결하기

① 구글 드라이브의 [개인폴더]로 이동한 후 [새로 만들기]-[파일 업로드] 메뉴를 선택합니다.

② [열기] 대화상자가 표시되면 폴더 위치(Ch11)를 지정한 후 파일 이름(창작음악발표.pptx)을 선택한 다음 [열기] 단추를 클릭합니다.

③ 구글 드라이브의 [개인폴더]에 업로드됩니다. 같은 방법으로 [문서] 폴더의 '담장친구들.wav' 파일을 구글 드라이브의 [개인폴더] 위치로 업로드합니다.

④ 뮤즈스코어 프로그램의 도구 상자에서 🖳[이미지 캡처]를 클릭한 후 작업 화면에 사각형 박스가 표시되면 캡처할 부분에 맞게 크기를 조절한 다음 복사(Ctrl+C)합니다.

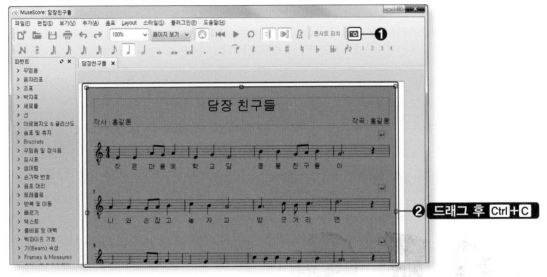

⑤ 구글 드라이브 [개인폴더] 폴더의 '창작음악발표.pptx' 파일을 더블클릭하여 새로운 탭에 열고 문서에서 붙여넣기(Ctrl+V)한 후 그림 서식을 수정합니다.

⑥ 구글 드라이브의 [개인폴더] 폴더의 '담장친구들.wav' 파일에서 마우스 오른쪽 단추를 눌러 바로 가기 메뉴의 [공유 가능한 링크 가져오기]를 클릭합니다.

⑦ [링크 공유 사용 중] 대화상자에 공유 주소가 표시되면 선택 후 복사(Ctrl+C)합니다.

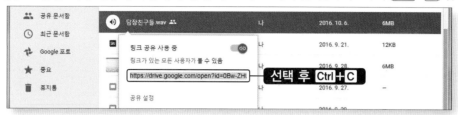

⑧ [창작음악발표] 탭을 클릭하여 프레젠테이션 문서로 이동한 후 [삽입]–[이미지] 메뉴를 클릭합니다.

⑨ [이미지 삽입] 대화상자의 [검색] 탭이 표시되면 스피커를 입력한 후 🔍 [검색] 단추를 클릭하여 이미지를 검색한 다음 원하는 이미지를 선택하고 [선택] 단추를 클릭합니다.

⑩ 이미지가 삽입되면 크기를 조절한 후 원하는 위치에 배치하고 [삽입]–[링크] 메뉴를 클릭합니다.

⑪ 링크를 붙여넣을 수 있는 대화상자가 표시되면 붙여넣기(Ctrl+V)를 실행한 후 [적용] 단추를 클릭합니다.

Exercise

[음악] 교과서에 나온 동요 중에서 가사를 개사하여 악보를 만들어 발표하시오.

- 샘플 파일 : 동요개사 발표회.pptx
- 뮤즈스코어 프로그램을 이용하여 동요 악보를 만들고 가사를 개사하여 완성
- 프레젠테이션 문서에 악보를 삽입하고 해당 음악 파일을 링크 연결
- 악보 문서 및 소리 파일로 저장 : 임의의 파일명.mscz, 임의의파일명.wav

12 마인드 맵 사용하기

마인드 맵이란 마치 지도를 그리듯이 자신의 생각을 그물 형태로 나열하여 주요 줄거리와 내용을 이해하고 정리하는데 도움을 줍니다. 자신의 생각과 기억해야 할 내용 등을 지도를 그리듯이 작성해 놓으면 전체의 흐름을 파악하기 쉽고 중요 내용 등을 정리하기 쉽기 때문입니다. 알마인드는 이런 마인드 맵 이론을 구현할 수 있도록 도와주는 프로그램으로 주제를 중심으로 가지를 서로 연결하여 관련된 내용을 정리하며 결과물을 다양한 형식의 파일로 만들어 한글 문서 뿐만 아니라 프레젠테이션, PDF, 그림 형식 등으로 다양하게 활용할 수 있도록 도와줍니다.

알마인드의 기본 환경 살펴보기

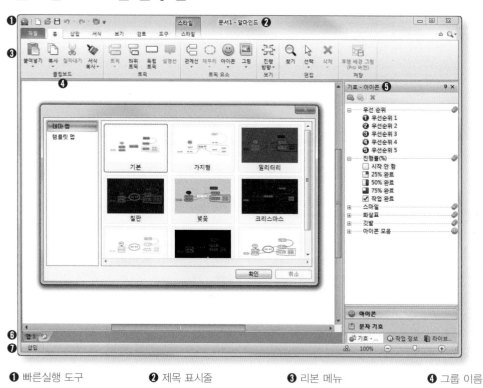

❶ 빠른실행 도구　　　　❷ 제목 표시줄　　　　❸ 리본 메뉴　　　　❹ 그룹 이름
❺ 작업창　　　　❻ 시트탭　　　　❼ 상태 표시줄

수행평가에서 적용 가능한 기능

- 다양한 교과목의 수업에서 핵심 내용을 중심으로 배운 내용을 정리할 수 있어 전체의 흐름을 파악하고 분석하여 생각의 폭을 넓힐 수 있습니다.
- 개인 또는 그룹별 수행평가 활동 및 과제물 내용을 정리하여 쉽게 작업할 수 있도록 도와줍니다.
- 일정계획, 독서/논술 활동 등 다양한 분야에 종합적 사고 능력을 키울 수 있도록 도와줍니다.

여행 준비 마인드 맵 만들기

방학 기간 동안 가족과 함께 여행 계획을 세워 마인드 맵을 통해 준비 단계의 일정 및 준비물 등을 작성하여 제출하시오.

○ 예상 결과물 미리보기

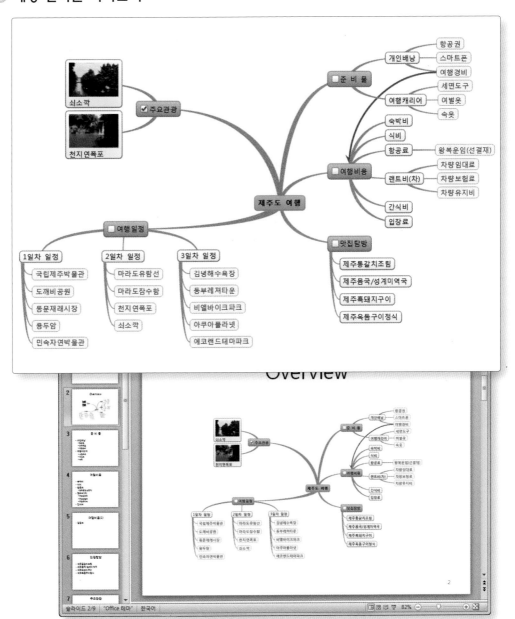

[알마인드 프로그램의 사용 기능 및 순서]

알마인드 실행 및 맵 생성하기 / 토픽의 진행 방향 수정하기 / 그림 삽입 및 배치하기 / 토픽의 맞춤 정렬하기 / 토픽의 관계선 연결하기 / 글꼴 서식 및 가지 스타일 변경하기 / 마인드맵 저장하기

알마인드 실행 및 마인드 맵 생성하기

① [시작] 단추를 클릭한 후 [알마인드] 메뉴를 클릭하여 실행합니다.

> **알마인드 설치하기**
>
> 알마인드 프로그램은 교제에 관련된 자료를 렉스미디어 사이트(http:www.rexmedia.net)에서 다운로드 받으면 [수행과제]–[Ch12] 폴더에 설치 파일 및 설치에 관련된 PDF 문서 파일을 참고하여 설치할 수 있습니다.

② 알마인드 프로그램이 실행되면서 대화상자가 표시되면 새로운 마인드 맵을 만들기 위해 [테마 맵] 탭에서 [기본]을 선택한 후 [확인] 단추를 클릭합니다.

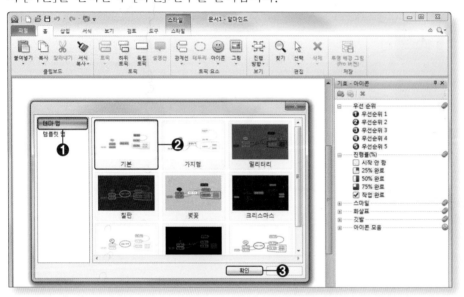

③ [중심 토픽]을 클릭한 후 '제주도 여행'으로 입력하여 주제를 설정하고 [홈] 탭–[토픽] 그룹에서 [하위 토픽]을 클릭한 다음 하위 토픽이 표시되면 내용(여행비용)을 수정합니다.

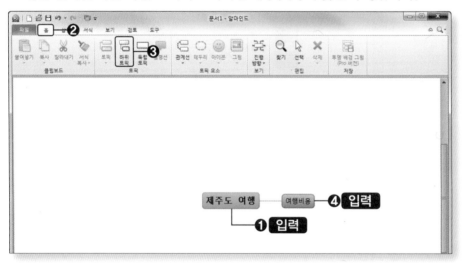

> **작업창 종료하기**
>
> 알마인드 화면 오른쪽의 [기호 – 아이콘] 작업창에서 ☒[닫기]를 클릭하면 표시된 작업창을 종료할 수 있습니다. 같은 방법으로 [라이브러리 – 클립아트], [작업 정보] 작업창을 모두 종료합니다.

④ 같은 방법으로 하위 토픽을 다음과 같이 연결한 후 내용을 수정합니다.

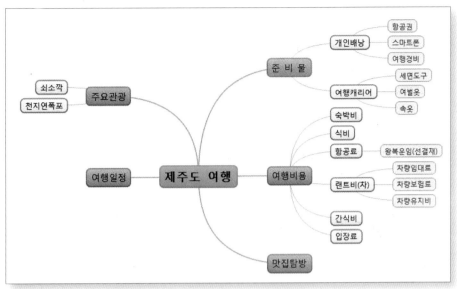

토픽의 선택 / 이동 / 생성 / 크기 변경하기

• **토픽 선택** : 선택할 토픽을 마우스로 클릭합니다.
• **토픽 이동** : 이동할 하위 토픽의 ✛ 아이콘을 원하는 방향으로 드래그합니다.
• **토픽 생성** : 상위 토픽 안에서 마우스를 드래그하면 해당 위치에 자동으로 생성됩니다.
• **토픽 크기 변경** : 토픽을 선택한 후 모서리에 표시되는 크기 조절점을 드래그합니다.
• **마우스를 이용한 토픽 범위 선택** : 마인드 맵 화면의 빈 공간에서 선택할 범위가 포함 되도록 드래그합니다.

○2 토픽의 진행 방향 수정하기

① [여행일정] 토픽을 선택한 후 [홈] 탭-[보기] 그룹에서 [진행 방향]-[아래쪽 조직도형]을 클릭합니다.

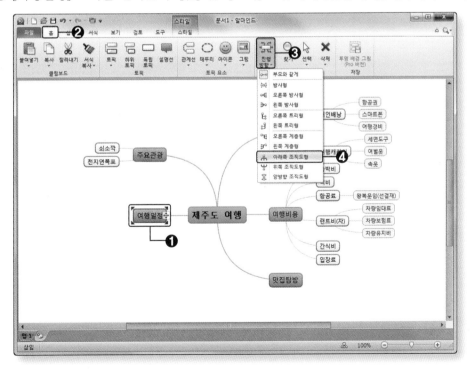

② [홈] 탭-[토픽] 그룹에서 [하위 토픽]을 클릭하여 다음과 같이 3개의 하위 토픽을 삽입하고 내용(1일차 일정, 2일차 일정, 3일차 일정)을 수정합니다.

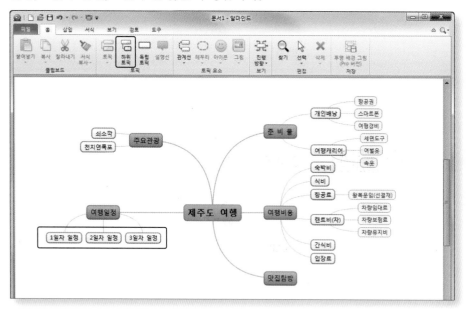

③ [1일차 일정] 토픽을 선택한 후 [홈] 탭-[보기] 그룹에서 [진행 방향]-[오른쪽 트리형]을 클릭합니다.

④ [홈] 탭-[토픽] 그룹에서 [하위 토픽]을 클릭하여 다음과 같이 토픽을 삽입합니다. 같은 방법으로 [맛집탐방] 토픽에도 [오른쪽 트리형]의 하위 토픽을 삽입합니다.

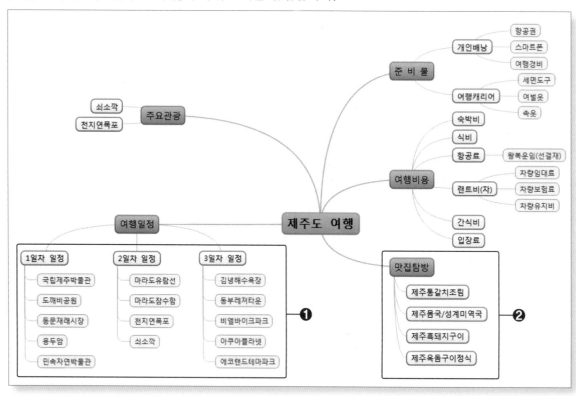

하위 토픽의 숨김 및 표시하기

• **하위 토픽의 숨김** : 선택한 토픽의 오른쪽에 표시된 ⊖[숨김]을 클릭하면 연결된 하위 토픽을 숨길 수 있습니다.
• **하위 토픽의 표시** : 선택한 토픽의 오른쪽에 표시된 ⊕[표시]를 클릭하면 연결된 하위 토픽을 표시할 수 있습니다.

03 그림 삽입 및 배치하기

① [쇠소깍] 토픽을 선택한후 [삽입] 탭-[일러스트레이션] 그룹에서 [그림]을 클릭합니다.

② [열기] 대화상자가 표시되면 그림 위치(Ch12) 및 파일 이름(관광1)을 지정한 후 [열기] 단추를 클릭합니다.

③ 그림이 삽입되면 그림이 선택된 상태에서 [그림]-[그림] 탭-[크기] 그룹에서 그림 높이(20)와 그림 너비(30)를 수정합니다.

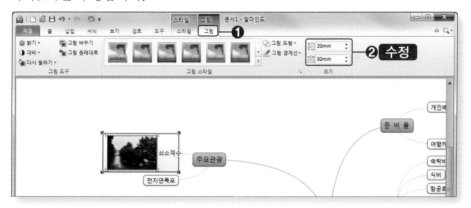

④ [스타일]-[스타일] 탭-[배치] 그룹에서 [그림 위치]를 클릭한 후 목록에서 [위쪽]을 클릭하여 그림이 위쪽에 표시되도록 수정합니다.

⑤ 같은 방법으로 [천지연폭포] 토픽에 그림(관광2)을 삽입하고 크기(그림 높이(20), 그림 너비(30)) 및 그림 위치(위쪽)를 수정합니다.

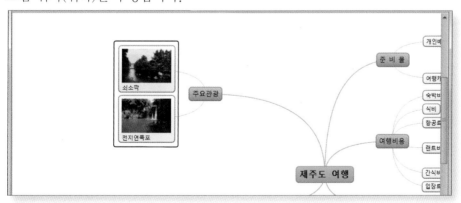

⑥ [준비물] 토픽을 선택한 후 [홈] 탭-[토픽 요소] 그룹에서 [아이콘]을 클릭한 다음 진행률(%) 항목의
   ☐[시작 안 함]을 클릭합니다.

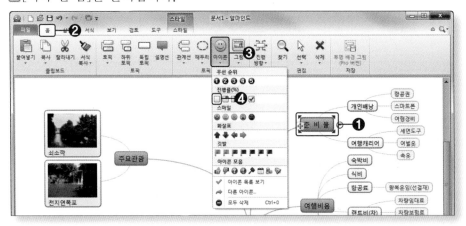

⑦ 같은 방법으로 다음과 같이 [준비물], [여행비용], [맛집탐방], [주요관광], [여행일정] 토픽에 ☐[시작
   안 함] 클립아트를 삽입합니다.

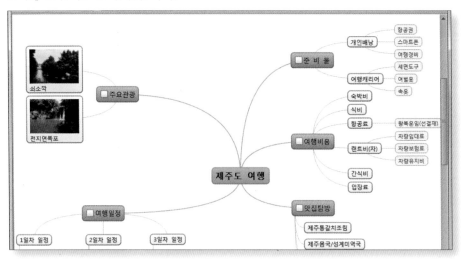

⑧ [주요관광] 토픽의 클립아트를 클릭하여 진행률의 모양이 바뀌는 것을 확인하며, 4번 클릭하여 진행
   률 모양을 ☑[작업 완료] 모양으로 바꿉니다.

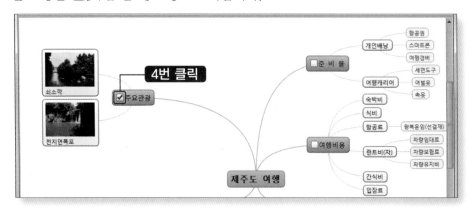

클립아트 삭제하기
토픽의 삭제할 클립아트에 마우스를 가까이 위치하여 클립아트의 모양이 선택된 모양으로 바뀌면 **Delete** 를 눌러 삭제할 수 있습니다.

04 토픽의 맞춤 정렬하기

① [준비물] 및 [여행비용] 토픽의 최하위 토픽을 모두 선택한 후 [서식] 탭-[배치] 그룹에서 [맞춤]-[왼쪽 맞춤]을 클릭합니다.

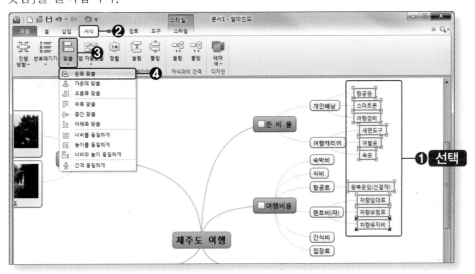

② 선택된 토픽들이 모두 기준 토픽(차량유지비)에 맞춰 왼쪽으로 정렬되어 배치됩니다.

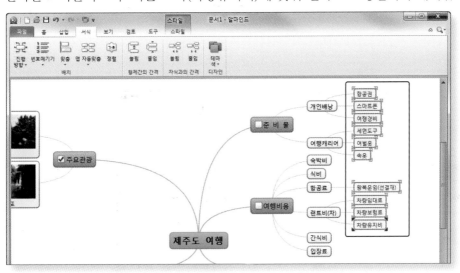

기준 토픽 수정하기

기준 토픽은 마우스를 드래그한 경우 가장 마지막 토픽이 기준이 되며, 크기 조절점이 진하게 표시됩니다. 기준 토픽의 수정은 원하는 토픽을 키보드의 **Ctrl**을 누른 상태에서 두 번 클릭하면 해당 토픽이 기준 토픽으로 수정됩니다.

형제 및 자식 토픽의 선택과 토픽 간격 수정하기

• **형제 토픽 선택** : 형제 토픽 중 하나를 선택한 후 [홈] 탭-[편집] 그룹에서 [선택]-[형제 선택]을 클릭합니다.
• **자식 토픽 선택** : 자식 토픽의 바로 위에 위치한 상위 토픽을 선택한 후 [홈] 탭-[편집] 그룹에서 [선택]-[자식 선택]을 클릭합니다.
• **형제간의 간격 조절** : 형제 토픽들을 선택한 후 [서식] 탭-[형제간의 간격] 그룹에서 [늘림]/[줄임]을 이용하여 조절합니다.
• **자식간의 간격 조절** : 자식 토픽의 바로 위에 위치한 상위 토픽을 선택한 후 [서식] 탭-[자식과의 간격] 그룹에서 [늘림]/[줄임]을 이용하여 조절합니다.

○5 토픽의 관계선 연결하기

① [삽입] 탭−[강조] 그룹에서 [관계선]−[베지어 곡선]을 클릭한 후 [여행경비] 토픽를 클릭한 다음 [여행 비용] 토픽을 클릭하여 관계선을 연결합니다.

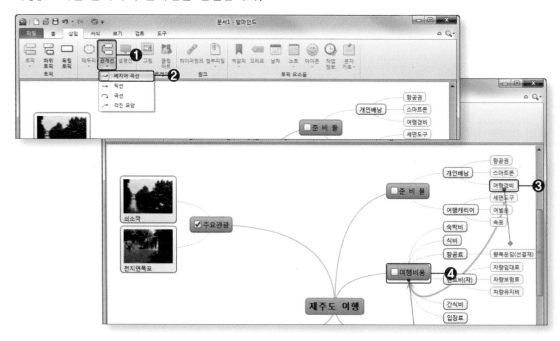

② 관계선이 연결되면 모양을 수정한 후 [관계선] 탭−[관계선 스타일] 그룹에서 [관계선 색]을 클릭하여 색을 [빨강]으로 수정합니다.

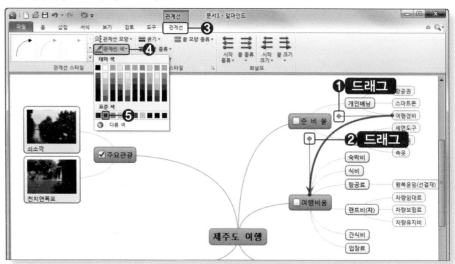

관계선 모양 수정하기

관계선의 양쪽 끝에 표시된 모양 조절점(◆)을 드래그하면 방향 및 길이에 따라 관계선의 모양이 바뀝니다.

관계선 스타일 수정하기

- **관계선 스타일** : [관계선] 탭−[관계선 스타일] 그룹에서 지정하며, 관계선 모양 및 관계선 색 등을 수정할 수 있습니다.
- **선 스타일** : [관계선] 탭−[선 스타일] 그룹에서 지정하며, 관계선의 굵기, 겹선 종류, 대시 종류, 끝 모양 종류 등을 수정합니다.
- **화살표** : [관계선] 탭−[화살표] 그룹에서 지정하며, 관계선의 시작 및 끝 종류와 시작 및 끝 크기를 수정합니다.

06 글꼴 서식 및 가지 스타일 변경하기

① Ctrl + A를 눌러 모두 선택한 후 [스타일] 탭-[글꼴] 그룹에서 글꼴(맑은 고딕) 및 글꼴 크기(12)를 수정한 후 [가지 스타일] 그룹에서 [가지 선]을 클릭한 다음 [주황]을 선택합니다.

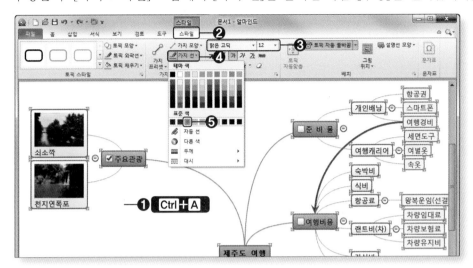

② [가지 스타일] 그룹에서 [가지 모양]-[가지]를 클릭하면 모든 가지 모양이 한꺼번에 수정됩니다.

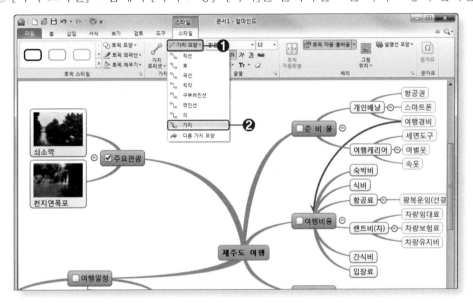

07 마인드 맵 저장하기

① 완성된 파일을 저장하기 위해 [파일]-[저장] 메뉴를 클릭합니다.

② [다른 이름으로 저장] 대화상자가 표시되면 저장 위치(문서)를 지정한 후 파일 이름(제주도여행)을 입력한 다음 [저장] 단추를 클릭합니다.

③ 파워포인트 문서로 저장하기 위해 [파일]-[다른 형식으로 저장]-[Microsoft PowerPoint 문서로 저장]을 선택합니다.

④ [다른 이름으로 저장] 대화상자가 표시되면 저장 위치(문서)를 지정한 후 파일 이름(제주도여행)을 입력한 다음 [저장] 단추를 클릭합니다.

[저장하기 실패] 대화상자 알아보기

파워포인트 문서로 저장할 때에 [저장하기 실패] 대화상자가 표시되면 현재 열려있는 파워포인트 프로그램을 종료한 후 [확인] 단추를 클릭합니다.

---

⑤ [Microsoft Popoint로 저장하기] 대화상자가 표시되면 [기본설정] 탭과 [고급설정] 탭을 다음과 같이 지정한 후 [확인] 단추를 클릭합니다.

⑥ [다른 형식으로 저장 성공] 대화상자의 [확인] 단추를 클릭하면 파워포인트 프로그램이 실행되면서 프레젠테이션 문서에서 열리며 내용을 확인할 수 있습니다.

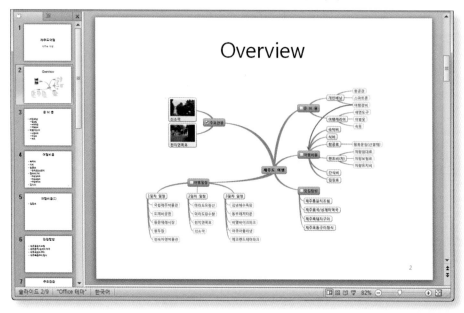

알마인드 프로그램의 저장 형식 살펴보기

알마인드 프로그램에서는 Microsoft Word 문서 및 Excel 문서, PowerPoint 문서 등으로 저장할 수 있으며, HTML 문서 및 그림 파일(jpg/bmp/png/gif/tif), 텍스트 파일로 저장할 수 있습니다. 또한 유료 버전을 사용할 경우 한글 문서(hwp) 및 PDF 파일로도 저장이 가능합니다.

Exercise

[수학] 이번 학기에 배운 내용을 마인드 맵으로 요약 정리하여 제출하시오.

- 알마인드 프로그램을 이용하여 수업 내용의 주제를 정하고 마인드 맵 작성
- 토픽 및 진행 방향, 토픽 요소, 맞춤, 간격, 글꼴 서식 등 모든 요소는 임의로 설정
- 어려운 수업 내용에 해당하는 토픽을 스마일 아이콘으로 표시
- **저장** : (수업주제).emm, (수업주제).docx

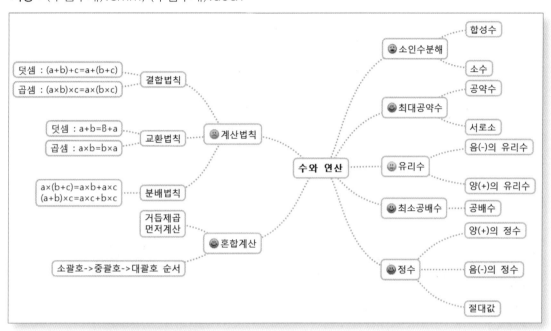

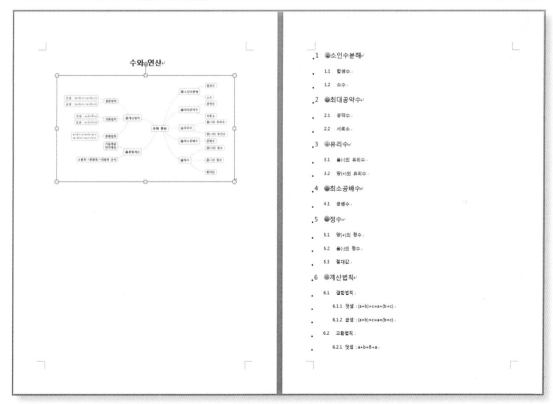

13 픽슬러(Pixlr Editor) 사용하기

픽슬러(Pixlr Editor)는 인터넷 웹사이트를 이용한 무료 이미지 편집 프로그램으로 컴퓨터에 별도로 설치하지 않아도 인터넷 사이트를 통해 이미지를 보정, 편집할 수 있도록 도와줍니다. 픽슬러는 기본적인 디자인과 기능이 포토샵과 유사하여 포토샵 프로그램을 사용해 본 경우 쉽게 기능을 익힐 수 있어 활용면에서 유리합니다. 또한 기능도 포토샵 프로그램의 고급 편집 기능에는 조금 부족하지만 레이어와 마스크 생성은 물론 레이어 속성 및 스타일, 불투명도 조절 등 다양한 기능을 제공합니다. 저장 역시 레이어를 포함한 저장(PXD)과 다양한 이미지 형태(JPG, PNG, BMP, TIF)로 저장할 수 있어 편리하게 사용할 수 있습니다.

픽슬러(Pixlr Editor)의 기본 환경 살펴보기

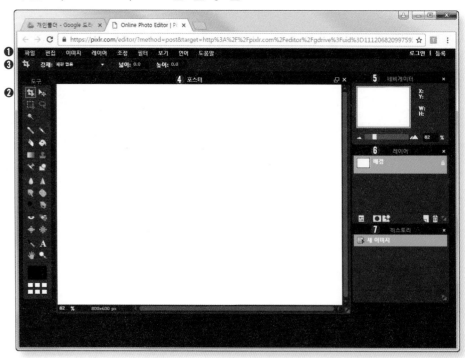

❶ 메뉴 표시줄　　　　❷ 도구 상자　　　　❸ 도구 옵션　　　　❹ 캔버스
❺ [네비케이터] 팔레트　　❻ [레이어] 팔레트　　❼ [히스토리] 팔레트

수행평가에서 적용 가능한 기능

• 사진을 이용한 수행평가 과제물의 다양한 이미지 편집 작업을 할 수 있습니다.
• 웹을 기반으로 하여 인터넷이 연결된 곳이면 어떤 장소에서든지 모둠별 활동에 사용 가능합니다.

한글사랑 포스터 만들기

한글날을 맞이하여 한글을 아끼고 사랑하는 마음을 담은 포스터를 관련 사진을 모아 그래픽 프로그램을 이용하여 만들어 제출하시오. (저장 파일은 레이어가 포함된 저장 파일과 이미지 파일(jpg) 2가지로 제출)

○ 예상 결과물 미리보기

[픽슬러(Pixlr Editor) 프로그램의 사용 기능 및 순서]

픽슬러 실행 및 새 파일 만들기 / 이미지를 레이어로 열기 및 자유 변형하기 / 이미지에 레이어 마스크 사용하기 / 올가미 도구를 이용한 부분 이미지 사용하기 / 색상 및 채도 조절과 필터 사용하기 / 텍스트 입력하고 레이어 스타일 지정하기 / 완성 이미지 저장하기

픽슬러 실행 및 새 파일 만들기

① 크롬 웹 브라우저 아이콘(🌐)을 더블클릭하여 실행한 후 구글 사이트(http://www.google.co.kr)
에서 [로그인] 단추를 클릭한 다음 이메일과 비밀번호를 입력하여 로그인 과정을 진행합니다.

② 화면 위쪽 ⚌[Google 앱] 아이콘을 클릭한 후 구글 앱 목록에서 [드라이브]를 클릭합니다.

③ 구글 드라이브의 [개인폴더]로 이동한 후 [새로 만들기]-[더보기]-[Pixlr Editor]를 선택합니다.

④ [Online Photo Editor] 탭이 생성되며 픽슬러 프로그램이 실행되면 [새 이미지 생성]을 클릭합니다.

⑤ [새 이미지] 대화상자가 표시되면 이름(포스터)을 입력하고 넓이(800)와 높이(600)를 지정한 다음
[확인] 단추를 클릭합니다.

⑥ 새로운 캔버스(포스터)가 생성됩니다.

② 이미지를 레이어로 열기 및 자유 변형하기

① [레이어]−[이미지를 레이어로 열기] 메뉴를 클릭합니다.

② [열기] 대화상자가 표시되면 위치(Ch13) 파일 이름(한글1)을 지정한 후 [열기] 단추를 클릭합니다.

③ 캔버스에 새로운 레이어로 이미지가 삽입되면 [편집]−[자유 변형] 메뉴를 클릭합니다.

> **자유 변형 기능 살펴보기**
>
> 자유 변형 기능은 선택한 레이어 이미지 개체에 크기를 변경하거나 회전하는 등으로 이미지의 변형을 주는 기능입니다.

④ '한글1' 이미지의 크기 조절점이 표시되면 캔버스의 크기에 맞게 드래그하여 크기를 조절한 후 Enter를 눌러 크기 변형을 종료합니다.

이미지에 레이어 마스크 사용하기

① [레이어]-[이미지를 레이어로 열기] 메뉴를 클릭합니다.

② [열기] 대화상자가 표시되면 파일 위치(Ch13), 파일 이름(한글2)을 지정한 후 [열기] 단추를 클릭합니다.

③ 캔버스에 새로운 레이어로 이미지가 삽입되면 [편집]-[자유 변형] 메뉴를 클릭합니다.

④ '한글2' 이미지의 크기 조절점이 표시되면 캔버스의 크기에 맞게 크기를 조절한 후 아래쪽 위치에 배치한 다음 Enter 를 눌러 크기 변형을 종료합니다.

⑤ [레이어] 팔레트에서 ●[레이어 마스크 추가]를 클릭하여 '레이어2' 레이어에 레이어 마스크가 추가되면 도구 상자에서 ■[그라디언트 도구]를 선택한 후 도구 옵션에서 ▬▬▬▬▬를 클릭한 다음 ▨를 선택합니다.

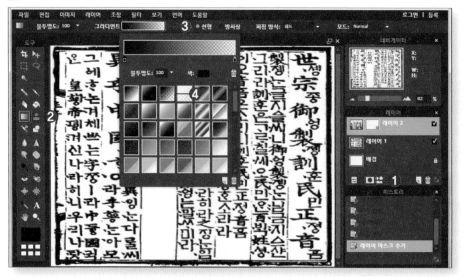

레이어 마스크 삽입하기
레이어 팔레트에서 레이어 마스크를 삽입할 레이어를 선택한 후 마우스 오른쪽 단추를 눌러 바로 가기 메뉴 [레이어 마스크 추가]
메뉴를 선택하여 실행할 수 있습니다. 해당 레이어의 이름 앞에 흰색 사각형 모양(☐)이 표시됩니다.

⑥ 마우스 포인터 모양이 ✛모양으로 바뀌면 이미지의 아래쪽에서 위쪽 방향으로 드래그하여 세로 방향으로 흐릿하게 작성합니다.

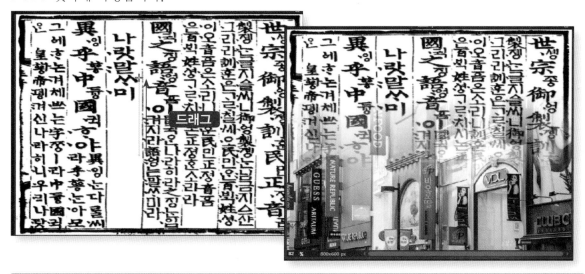

> **그라디언트 설정 취소하기**
> 레이어 마스크에 그라디언트 설정 모양이 출력 형태와 다를 경우 Ctrl+Z 를 누르거나 [히스토리] 팔레트에서 [그라디언트 도구] 이전의 작업을 선택하여 취소하고 다시 작성할 수 있습니다.

○4 올가미 도구를 이용한 부분 이미지 사용하기

① [파일]-[이미지 열기] 메뉴를 클릭한 후 [열기] 대화상자가 표시되면 파일 위치(Ch13) 및 파일 이름(한글3)을 지정하고 [열기] 단추를 클릭합니다.

② [한글3] 캔버스 이미지가 표시되면 창 오른쪽 ▣[최대화]를 눌러 크게 표시한 후 마우스 휠을 돌려 이미지 전체가 화면에 보이도록 확대합니다.

③ 도구 상자의 ▣[올가미] 도구를 클릭한 후 도구 옵션 항목에서 ▣[다각형 올가미] 도구를 선택한 다음 세종대왕 이미지 부분을 순서대로 클릭하여 선택합니다.

④ 선택한 이미지를 복사하기 위해 [편집]–[복사] 메뉴를 클릭한 후 [한글3] 캔버스의 창 오른쪽 ✕[닫기]를 클릭하여 [한글3] 캔버스 이미지를 종료합니다.

⑤ [포스터] 캔버스에서 [편집]–[붙여넣기] 메뉴를 클릭하여 복사한 이미지를 표시한 후 원하는 위치에 배치합니다.

05 색상 및 채도 조절과 필터 사용하기

① '레이어3' 레이어가 선택된 상태에서 [조정]–[색상 & 채도] 메뉴를 클릭한 후 [색상 & 채도] 대화상자가 표시되면 채도(-100) 및 명도(10)를 수정한 다음 [확인] 단추를 클릭합니다.

② [필터]-[언샵마스크] 메뉴를 클릭한 후 [언샵마스크] 대화상자가 표시되면 양(100) 및 반경(5), 임계
   치(10) 등을 수정한 후 [확인] 단추를 클릭합니다.

③ [레이어] 팔레트에서 세종대왕 이미지인 '레이어3' 레이어를 '레이어2' 아래쪽으로 드래그하여 레이
   어의 겹친 순서를 변경합니다.

[레이어] 팔레트 사용하기

- **새 레이어 삽입** : [레이어] 팔레트에서 새 레이어(🗔) 아이콘을 클릭하면 현재 위치한 레이어의 위쪽에 새 레이어가 삽입됩니다.
- **레이어 삭제** : 삭제할 레이어를 휴지통(🗑) 아이콘으로 드래그하거나 바로 가기 메뉴의 [레이어 삭제]를 선택합니다.
- **레이어 이름 변경** : 레이어 이름을 더블클릭한 후 커서가 레이어 이름 안에 표시되면 새로운 이름을 입력하여 수정합니다.
- **투명도 / 혼합 모드 설정** : 레이어 이름을 선택한 후 레이어 설정(🗖) 아이콘을 클릭하면 투명도 및 혼합 모드를 설정할 수 있습니다.

텍스트 입력하고 레이어 스타일 지정하기

① 도구 상자의 A[문자] 도구를 선택한 후 캔버스 이미지의 입력할 위치를 클릭합니다.

② [텍스트] 대화상자가 표시되면 내용(한글 사랑은 / 바로 / 대한민국 사랑입니다.)을 입력한 후 글꼴(휴먼
엑스포), 크기(60), 가운데 정렬(☰)을 지정한 다음 [색]을 클릭합니다.

③ [Color selector] 대화상자가 표시되면 R(0), G(0), B(255) 값을 수정하고 [확인] 단추를 클릭합니다.

④ [텍스트] 대화상자의 [확인] 단추를 클릭하면 캔버스 이미지에 텍스트가 삽입됩니다.

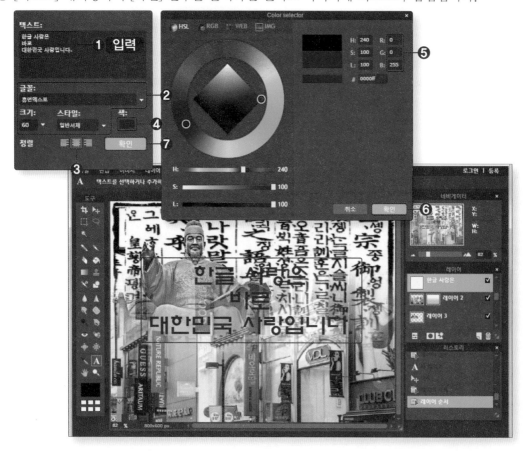

⑤ 텍스트에 레이어 스타일을 지정하기 위해 텍스트 레이어가 선택된 상태에서 ☐[레이어 스타일]을 클릭
합니다.

⑥ [레이어 스타일] 대화상자가 표시되면 [그림자 효과]를 선택한 후 불투명도(75), 거리(5), 크기(5) 등을 수정합니다. [외부 광선효과]를 선택한 후 불투명도(100), 강도(5), 크기(10), 색(노랑 : R(255), G(255), B(0))을 지정한 다음 [확인] 단추를 클릭합니다.

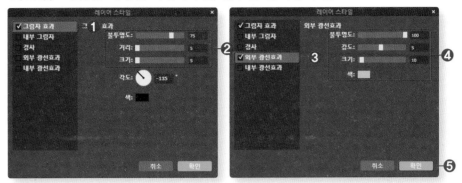

⑦ 캔버스에 입력된 텍스트에 레이어 스타일이 지정되어 표시됩니다.

⑦ 완성 이미지 저장하기

① [파일]-[저장] 메뉴를 클릭한 후 [이미지 저장] 대화상자가 표시되면 [내 컴퓨터]를 선택한 다음 이름(포스터) 확인 및 형식(PXD (레이어된 Pixlr 이미지))을 지정한 다음 [확인] 단추를 클릭합니다.

② [다른 이름으로 저장] 대화상자가 표시되면 저장 위치(문서) 지정 및 파일 이름(포스터)을 입력한 다음 [저장] 단추를 클릭합니다.

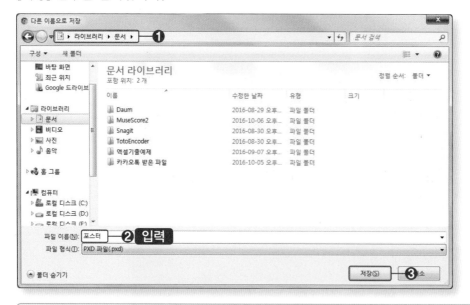

> **PXD 파일 형식과 JPG 파일 형식 살펴보기**
>
> • **PXD 파일 형식** : 픽슬러 프로그램의 기본 저장 파일 형식으로 저장 후 불러오면 레이어 단위로 다시 수정/편집이 가능합니다.
> • **JPG 파일 형식** : 완성된 결과물을 하나의 레이어 이미지로 저장하여 레이어 단위의 수정/편집이 불가능합니다.

③ 이미지 파일로 저장하기 위해 [파일]-[저장] 메뉴를 클릭합니다. [이미지 저장] 대화상자가 표시되면 [내 컴퓨터]를 선택한 후 이름(포스터) 확인 및 형식(JPEG(대부분의 사진에 적합))을 선택한 다음 품질(100)을 지정하고 [확인] 단추를 클릭합니다.

④ [다른 이름으로 저장] 대화상자가 표시되면 저장 위치(문서) 지정 및 파일 이름(포스터)을 입력한 다음 [저장] 단추를 클릭합니다.

[실과] 학교에서 진행하는 축제의 행사 광고물을 만들어 제출하시오.

- **샘플 자료** : 학교1.jpg ~ 학교3.jpg
- 그래픽 편집 프로그램을 이용하여 제작하며, 레이어 단위로 수정 가능하도록 제출
- 학교 관련 사진을 수집하고 해당 사진을 이용하여 축제 광고를 제작
- **저장** : (축제이름).pxd, (축제이름).jpg

픽슬러 프로그램에서의 마술봉을 사용하여 비둘기 선택하기

❶ '학교3.jpg' 파일을 열고 💦[마술봉] 도구를 선택한 후 도구 옵션의 허용치(100)를 수정합니다.

❷ 비둘기 부분을 클릭하여 선택하고 비둘기 안의 선택되지 않은 부분을 선택하기 위해 🔲[올가미] 도구의 🔲[자유 올가미] 도구를 선택합니다.

❸ 비둘기 안의 선택되지 않은 부분을 Shift 를 누른 상태에서 드래그하여 선택에 포함되도록 수정합니다.

14 구글 내 지도 사용하기

구글 드라이브에서 제공하는 구글 내 지도는 국내 뿐만아니라 세계적인 데이터베이스를 기반으로 다양한 위치 정보를 정확하게 표시하여 여행 동선을 짜거나 지역별 정보를 지도의 정확한 위치에 담을 수 있습니다. 또한 기록된 지도 정보를 공유하여 각종 SNS에 연결하거나 이메일 등으로 여러 사람들과 나눌 수 있어 편리합니다.

구글 내 지도 기본 환경 살펴보기

❶ 지도 정보　　　　❷ 레이어 정보　　　　❸ 검색 상자　　　　❹ 기본 도구
❺ 지도 설정　　　　❻ 화면 확대/축소

구글 내 지도의 특징

• 모둠별 역사문화탐방 등 기행시 미리 여행 지역을 정리하여 함께 정보를 공유할 수 있습니다.

• 여행 일정을 계획할 때 일정을 서로 공유하고 적합한 의견을 나눌 수 있습니다.

• 만들어 놓은 좋은 여행 일정을 다른 사람들에게 공유하여 함께 나눌 수 있습니다.

수행평가에서 적용 가능한 기능

• 역사 문화 유적 등의 기행문 형식에서 지도를 이용하여 탐방 정보를 기록하여 활용할 수 있습니다.

• 지도를 활용한 자료 정리 및 모둠별 과제의 공유를 통해 정보 활용이 가능합니다.

역사 문화 기행 코스 만들기

우리 고장의 역사 문화에 대한 정보를 담아 탐방 코스를 만들고 구글 내 지도를 이용하여 위치를 기록, 제출하시오. (완성된 결과는 인터넷 주소로 공유하여 선생님 이메일 주소로 제출)

◎ 예상 결과물 미리보기

[구글 드라이브의 구글 내 지도 사용 기능 및 순서]

구글 내 지도에서 지도 만들기 / 지도를 이용한 여행 코스 만들기 / 검색 지역에 인터넷 정보 및 사진 연결하기 / 여행 코스별 스타일 변경하기 / 완성된 지도 정보 확인하기 / 완성된 지도 공유하기

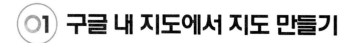 **구글 내 지도에서 지도 만들기**

① 크롬 웹 브라우저 아이콘(🌐)을 더블클릭하여 실행한 후 구글 사이트(http://www.google.co.kr)에서 [로그인] 단추를 클릭한 다음 이메일과 비밀번호를 입력하여 로그인 과정을 진행합니다.

② 화면 위쪽 ⠿[Google 앱] 아이콘을 클릭한 후 구글 앱 목록에서 [드라이브]를 클릭합니다.

③ 구글 드라이브의 [개인폴더]로 이동한 후 [새로 만들기]–[더보기]–[Google 내 지도]를 클릭합니다.

④ [제목없는 지도] 탭이 생성되면 지도 이름(제목없는 지도)을 클릭한 후 지도 제목(문화기행) 및 설명(고양시 역사문화기행 코스 만들기)을 입력한 다음 [저장] 단추를 클릭합니다.

⑤ 구글 내 지도에 [문화기행] 지도가 생성됩니다.

지도 종류 선택하기

• 화면 왼쪽 패널 아래쪽에 표시된 [기본 지도]의 목록 단추를 클릭하면 지도의 종류가 목록으로 표시되며 원하는 지도 모양을 선택하면 해당 지도 종류로 화면을 표시합니다.

• 지도의 종류에는 기본 지도와 위성, 지형, 정치적 경계(밝은 색), 흑백 도시, 단순 지도, 육지(밝은 색 배경), 육지(어두운 색 배경), 바다(백색) 등의 종류가 있습니다.

◎2 지도를 이용한 여행 코스 만들기

① 지도의 레이어를 생성하기 위해 [제목없는 레이어]를 클릭한 후 [레이어 이름 편집] 대화상자가 표시
되면 이름(문화기행 [A코스])을 입력한 다음 [저장] 단추를 클릭합니다.

② 문화기행 [A코스]의 여행지 레이어가 생성되면 여행지를 검색하기 위해 검색란에 검색 내용(최영장
군묘)을 입력한 후 🔍[검색] 단추를 클릭합니다.

③ 지도에 검색 위치가 표시되면 '문화기행 [A코스]' 레이어에 검색 지역을 추가하기 위해 ➕[추가]를
클릭합니다.

④ 문화기행 [A코스]의 여행 목록에 해당 지역이 등록되면 같은 방법으로 '벽제관지'를 추가합니다.

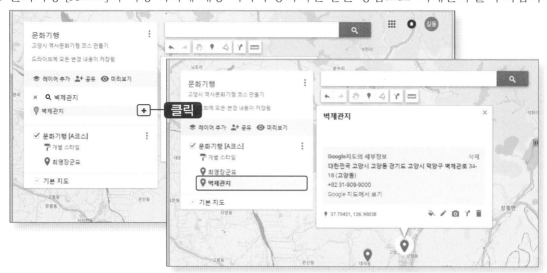

여행지 순서 변경하기

여행 코스 목록의 여행 지역에서 원하는 지역을 마우스로 드래그하면 여행지의 순서를 변경할 수 있습니다.

⑤ 같은 방법으로 여행코스 생성 및 여행지를 등록하여 다음과 같이 생성합니다.

레이어 및 검색 지역 삭제하기

• **레이어 삭제** : 왼쪽 패널의 삭제할 레이어에서 ⋮[레이어 옵션]을 클릭한 후 [이 레이어 삭제]를 클릭합니다.

• **검색 지역 삭제** : 왼쪽 패널의 검색 목록에서 ✕[삭제]를 클릭하면 지도에서 검색 지역이 삭제됩니다.

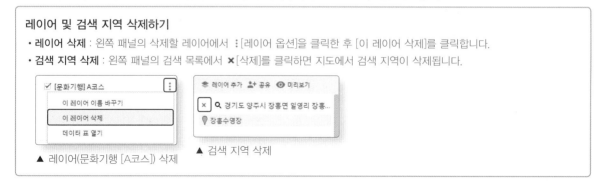

▲ 레이어(문화기행 [A코스]) 삭제   ▲ 검색 지역 삭제

03 검색 지역에 인터넷 정보 및 사진 연결하기

① 크롬에서 ▨[새 탭]을 클릭한 후 구글 검색에서 '최영장군묘'를 입력한 다음 Enter 를 누릅니다.

② 검색 정보가 표시되면 연결할 검색 사이트를 클릭하여 이동한 후 주소를 복사(Ctrl + C)합니다.

③ [문화기행] 탭을 클릭하여 구글 내 지도 화면으로 이동한 후 [최영장군묘] 정보의 ✎[수정]을 클릭합니다.

④ '최영장군묘'의 정보입력 화면이 표시되면 내용과 함께 인터넷 주소를 붙여넣기(Ctrl+V)하여 상세
정보를 입력한 후 사진을 연결하기 위해 📷[이미지나 동영상 추가]를 클릭합니다.

정보 수정시 Ctrl+Enter와 Enter 차이점 알아보기

지도의 세부 정보를 수정할 경우 입력 상자 안에서 Ctrl+Enter를 누르면 다음 줄로 개행되며, Enter를 누르면 정보 입력을 종료합니다.

⑤ [이미지나 동영상 선택] 대화상자가 표시되면 [Google 이미지] 탭에서 검색란에 '최영장군묘'를 입력
한 후 🔍[검색] 단추를 클릭하여 이미지를 검색한 다음 표시할 이미지를 선택하고 [선택] 단추를
클릭합니다.

⑥ 지도 화면의 '최영장군묘' 위치에 정보가 수정되어 표시됩니다.

이미지 및 동영상 추가/삭제하기

- **이미지/동영상 추가** : 지도 정보에서 사진 아래쪽에 표시된 ➕[이미지나 동영상 추가]를 클릭하면 [이미지나 동영상 선택] 대화 상자가 표시되며, 추가할 이미지 또는 동영상을 선택하여 검색 지역의 사진 목록에 추가할 수 있습니다.
- **이미지/동영상 삭제** : 지도 정보에서 사진 아래쪽에 표시된 🗑[이미지나 동영상 삭제]를 클릭하면 현재 표시된 이미지 또는 동영상을 삭제할 수 있습니다.

---

⑦ 같은 방법으로 여행 코스별 여행지 정보에 관련된 인터넷 정보 및 이미지/동영상을 연결합니다.

04 여행 코스별 스타일 변경하기

① '문화기행 [A코스]'에서 [개별 스타일]을 클릭한 후 대화상자에서 위치 그룹 설정 기준(숫자의 순서) 및 라벨 설정(이름)을 수정합니다.

② '문화기행 [A코스]'의 여행지 목록에서 이름 앞에 숫자 번호로 수정되면 색상을 수정하기 위해 [최영 장군묘]에서 ◈[색상]을 클릭한 후 원하는 색(빨강)을 선택합니다.

③ 같은 방법으로 나머지 여행 코스의 스타일을 다음과 같이 수정합니다.

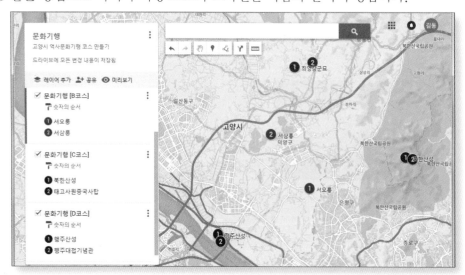

○5 완성된 지도 정보 확인하기

① 문화기행 지도에서 [미리보기]를 클릭하면 새로운 [문화기행] 탭이 화면에 표시되며 완성된 결과를 표시합니다.

② 왼쪽 패널에서 원하는 여행지를 클릭하면 여행지의 세부 정보를 화면에 표시하며, ←[뒤로]를 클릭하면 다시 메인 지도 화면으로 이동됩니다.

③ [문화기행] 탭의 ×[닫기]를 클릭하면 미리보기 화면을 종료할 수 있습니다.

06 완성된 지도 공유하기

① 문화기행 지도에서 [공유]를 클릭합니다.

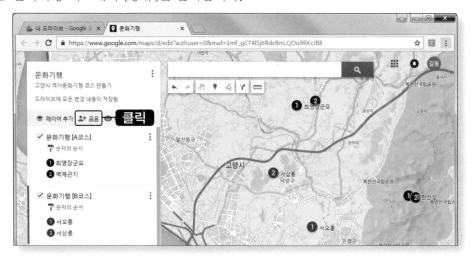

② [공유 설정] 대화상자가 표시되면 초대할 사용자 항목에 이메일 주소를 입력한 후 공유 옵션(보기 가능)을 선택한 다음 [보내기] 단추를 클릭합니다.

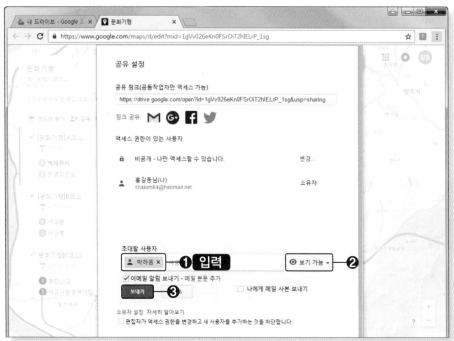

공유 옵션 알아보기

• **수정 가능** : 등록한 이메일 사용자의 경우 공유된 지도 정보를 마음대로 수정할 수 있습니다.

• **보기 가능** : 등록한 이메일 사용자의 경우 공유된 지도를 확인할 수는 있지만 내용을 수정할 수는 없습니다.

---

③ [공유 설정] 대화상자에서 공유할 사용자 입력이 완료되면 [완료] 단추를 클릭하여 종료합니다.

Exercise

[국사] 서울 성곽의 4대문과 4소문에 대해 조사하여 제출하시오.

- 인터넷으로 4대문과 4소문을 조사하여 구글 내 지도에 작성
- 4대문과 4소문 위치에 관련 이미지 및 특징을 기록하여 제출
- 구글 내 지도의 사용 기능은 모두 임의로 설정
- 완성된 파일은 공유하여 선생님 이메일로 제출

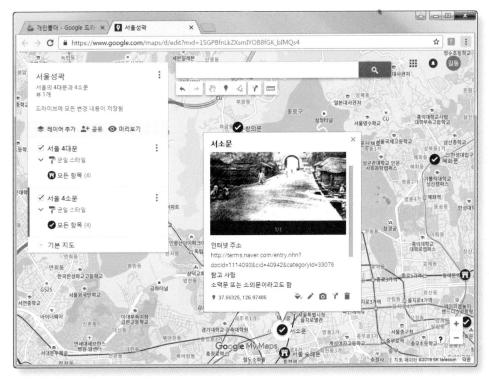

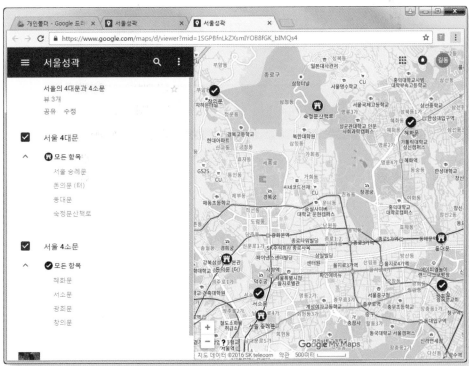

15 알씨 프로그램 사용하기

알씨 프로그램의 가장 기본이 되는 기능은 뷰어 기능입니다. 이미지를 크게보기, 연속보기, 전체화면보기, 여럿보기, 압축파일 이미지 보기 등 다양한 방법으로 이미지를 볼 수 있습니다. 하지만 알씨 프로그램을 이미지 뷰어 기능만으로 설명하기에는 기능이 다양한 것 또한 사실입니다. 알씨 프로그램의 부가 기능으로는 쉽고 간편하게 이미지를 꾸밀 수 있는 알씨 꾸미기와 여러 장의 사진과 음악을 통해 자막을 넣은 동영상을 만들기도 한답니다. 수행평가 과제물에서 사진을 이용한 간단한 편집이나 UCC 제작 등에도 활용하기 좋은 프로그램이 바로 알씨 프로그램이라고 할 수 있습니다.

알씨 프로그램의 기본 환경 살펴보기

❶ 리본 메뉴   ❷ 폴더 경로   ❸ 미리보기 및 디카 정보   ❹ 이미지 보기 창

❺ 알씨 꾸미기   ❻ 알씨 동영상 만들기   ❼ 파일 이동 및 복사   ❽ 일괄 편집

수행평가에서 적용 가능한 기능

- 사진 이미지를 포토샵 프로그램 없이 쉽고 간단하게 편집이 가능합니다.
- 여러 장의 사진을 이미지 크기 변경, 회전, 이름 변경, 포맷 변환 등 일괄 편집이 가능합니다.
- 사진과 음악을 이용하여 간단한 UCC 영상 제작이 가능합니다.

원근법을 이용한 작품 만들기

원근법을 이용하여 사진을 직접 찍거나 인터넷을 통해 관련된 사진을 모아 설명하기 쉽게 꾸며 제출하시오. (완성된 결과는 인터넷 주소로 공유하여 선생님 이메일 주소로 제출)

○ 예상 결과물 미리보기

[알씨 프로그램의 사용 기능 및 순서]

알씨 프로그램 실행 및 사진 보기 / 알씨 꾸미기로 사진 편집하기 / 사진과 음악 파일을 이용하여 동영상 만들기

알씨 프로그램 실행 및 사진 보기

① [시작] 단추를 클릭한 후 [모든 프로그램]-[알툴즈]-[알씨] 메뉴를 클릭합니다.

② 알씨 프로그램이 실행되면 폴더 위치를 [수행과제]-[Ch15] 폴더로 지정한 후 '사진1' 파일을 선택한 다음 [크게보기]를 클릭합니다.

③ 선택한 사진을 화면에 크게 표시합니다. [목록보기] 단추를 클릭하면 다시 원래의 여럿보기 방식으로 되돌아갑니다.

알씨 프로그램의 뷰어 방식 알아보기

• **여럿보기** : 알씨 프로그램의 기본 뷰어 방식으로 폴더 안의 이미지를 썸네일 모양으로 간략하게 표시합니다.

• **크게보기** : 이미지를 창의 크기에 맞게 표시하며, 배치 방법에 따라 한장보기, 두장보기, 네장 보기 방식으로 수정할 수 있습니다.

• **연속보기** : 이미지를 일정 시간 단위로 연속하여 창에 표시합니다.

• **전체화면** : 이미지를 모니터 전체 화면 크기에 맞춰 크게 표시합니다.

⑫ 알씨 꾸미기로 사진 편집하기

① [Ch15] 폴더의 모든 사진(사진1~사진12)을 선택한 후 [추가] 단추를 클릭하여 사진보관함에 추가한 다음 [꾸미기] 단추를 클릭합니다.

② [알씨 꾸미기] 창이 표시되면 '사진3' 파일을 선택한 후 크기를 수정하기 위해 [크기변경] 탭에서 해상도로 조절(550 × 400)을 수정한 다음 [적용하기] 단추를 클릭합니다.

> **크기 변경 방식 알아보기**
>
> 알씨 꾸미기의 크기 변경 방법에는 해상도로 조절, 비율로 조절, 용량으로 조절, 프린트 크기로 조절 방법이 있으며, 크기를 수정한 후 [적용하기] 단추를 클릭하면 수정된 사진에 █ 표시가 나타납니다.

③ 이미지의 보정 작업을 위해 '사진1' 파일을 선택한 후 보기 방식(적용전:적용후)을 수정한 다음 [보정] 탭에서 밝기(+50) 및 수평조절(+5) 값을 수정하고 [적용하기] 단추를 클릭합니다.

④ 이미지의 특정 부분에 모자이크 효과를 적용하기 위해 보기 방식(미리보기)을 수정한 후 [효과] 탭에서 [모자이크] 선택 및 모자이크 크기(60 × 75), 모자이크 밀도(5) 등을 수정하고 원하는 위치로 이동한 다음 [적용하기] 단추를 클릭합니다.

이미지 효과 알아보기

알씨 꾸미기에서 적용할 수 있는 효과에는 소프트포커스, 모자이크, 적목제거 등이 있으며, 소프트 포커스는 특정 위치에서의 일정 범위를 제외한 나머지 부분의 해상도를 일부러 감소시키는 기능이고, 적목제거는 컬러 사진에서 눈동자가 빨갛게 찍힌 경우 제거하여 보정하는 작업을 말합니다.

⑤ 이미지에 글상자를 삽입하기 위해 '사진11' 파일을 선택한 후 [글상자] 탭에서 글상자 도형() 선택 및 윤곽선(빨강), 두께(1), 채우기(흰색), 글꼴(맑은 고딕), 글꼴 크기(18), 내용(살려줘~!!) 등을 수정한 다음 이미지 화면에서 크기 및 위치를 조절하고 [적용하기] 단추를 클릭합니다.

⑥ 스티커 사진을 이용하여 사진을 꾸미기 위해 '사진8' 파일을 선택한 후 [스티커] 탭에서 원하는 스티커 사진을 클릭한 다음 사진에 크기 및 위치를 조정하고 [적용하기] 단추를 클릭합니다. 같은 방법으로 스티커를 이용하여 사진을 꾸밉니다.

이미지에 스티커 사진 적용하기!

이미지에 스티커 사진을 삽입한 후 [적용하기] 단추를 클릭해야 적용됩니다. 스티커 사진을 삽입한 후 사진목록의 다른 사진을 선택하여 현재 사진의 편집을 종료할 경우 저장되지 않았다면 적용하지 않은 편집이 있다는 메시지의 대화상자가 표시되며, [예] 단추를 클릭해야 적용할 수 있습니다.

⑦ 이미지를 회전하기 위해 '사진9' 파일을 선택한 후 사진을 반시계 방향으로 회전(⟲)합니다.

┌───┐
│ **보기 화면의 도구 살펴보기**   │
│ • **한단계취소/되살리기** : 이미지 꾸미기의 최근 실행 과정을 취소하거나 최근 취소된 과정을 다시 실행합니다. │
│ • **원본으로** : 이미지 편집을 통한 모든 수정을 취소하고 원본 이미지로 표시합니다. │
│ • **회전하기** : 이미지를 시계방향(⟳) 또는 반시계방향(⟲)으로 회전합니다. │
│ • **확대/축소** : 이미지를 확대(+) 또는 축소(−)하며, 조절점(◉)을 드래그하여 비율을 따라 이미지를 표시할 수 있습니다. │
│ • **보기방식** : 이미지를 화면 크기에 맞춰 표시(▣)하거나 사진의 원래 크기(▦)대로 보여줍니다. │
└───┘

⑧ 수정한 모든 사진을 한꺼번에 저장하기 위해 [모두저장] 단추를 클릭한 후 [모두 저장] 대화상자가 표시되면 파일 형식(원본과 같은 형식으로 저장), 저장할 경로(원본 하위 폴더에 저장 – 꾸미기), 저장할 파일 이름 앞에 머릿말 추가(수정) 등을 선택한 다음 [확인] 단추를 클릭합니다.

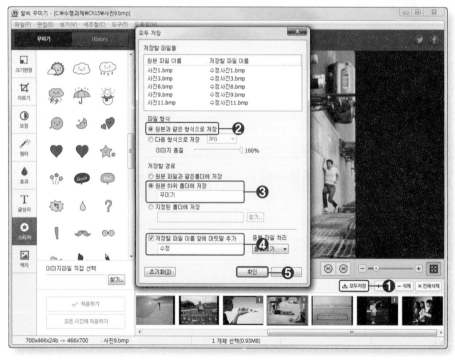

⑨ [파일 저장 완료] 대화상자가 표시되며 저장 진행과정이 모두 완료되면 [확인] 단추를 클릭합니다.

○3 사진과 음악 파일을 이용하여 동영상 만들기

① 알씨 프로그램에서 [보관함 비우기] 단추를 클릭하여 '사진 보관함을 비우시겠습니까' 메시지 대화상자가 표시되면 [예] 단추를 클릭하여 사진보관함의 사진을 모두 비웁니다.

② 사진보관함에 사진이 모두 비워지면 폴더 위치(영상자료)를 수정한 후 사진(사진1~사진12)을 선택한 다음 [추가] 단추를 클릭하여 사진보관함에 선택한 사진을 등록하고 [동영상] 단추를 클릭합니다.

③ [알씨 동영상 만들기] 창의 타임라인에 12장의 사진이 표시되면 배경음악을 삽입하기 위해 ⊞[음악 추가]를 클릭합니다.

④ [열기] 대화상자가 표시되면 폴더 위치(음악 샘플) 및 음악 파일(Kalimba)을 선택한 후 [열기] 단추를 클릭합니다.

⑤ 동영상에 사용할 배경 음악 파일이 추가되면 사진 1장당 재생 시간(5)을 수정 한 후 오프닝(원근감을 이용한 작품 만들기)과 엔딩(제작 : 홍길동)을 입력하고 [적용] 단추를 클릭합니다.

[간편만들기]의 기본 과정 살펴보기
• 1단계 : 동영상 제작에 필요한 사진을 [사진추가] 단추를 클릭하여 타임라인 목록에 추가합니다.
• 2단계 : 동영상 제작에 필요한 음악을 [음악추가]를 클릭하여 음악 목록에 추가합니다.
• 3단계 : 타임라인에 추가된 사진과 음악 파일을 이용하여 사진 1장당 재생 시간을 초 단위로 설정합니다.
• 4단계 : 동영상의 처음과 끝에 해당하는 오프닝과 엔딩 자막을 입력하여 동영상에 적용합니다.

⑥ 타임라인에 동영상 파일의 오프닝과 엔딩 자막이 추가되면 자막 추가를 위해 [상세꾸미기] 단추를 클릭합니다.

⑦ [알씨 동영상 만들기] 창의 상세꾸미기 화면으로 전환이되면 자막을 삽입하기 위해 [자막] 탭에서 '사진1' 파일을 선택한 후 글꼴(맑은 고딕), 글꼴 크기(36), 글꼴 색(흰색), 굵게(가), 외곽선(가), 내용 등을 입력한 다음 위치(≡)를 지정하고 [다음화면] 단추를 클릭합니다.

[상세꾸미기]의 추가 기능 살펴보기

• **자막** : 타임라인에 등록된 화면 단위 또는 전체 화면에 자막을 추가하며, 위치 및 효과 등을 지정할 수 있습니다.
• **디자인** : 타임라인에 등록된 화면 단위 또는 전체 화면에 배경 및 액자 디자인 등을 선택하여 적용할 수 있습니다.
• **효과** : 타임라인에 등록된 화면 단위 또는 전체 화면에 전환 효과 및 시네마틱 효과를 적용할 수 있습니다.

⑧ 같은방법으로 '사진2' ~ '사진12' 화면에 다음과 같이 자막을 입력한 후 [만들기] 단추를 클릭합니다.

- 사진2 : 먼저 투시원근법에는 3가지로 나뉘는데요. 1점 투시와 2점 투시, 3점 투시가 있습니다.
- 사진3 : 물체의 정면을 볼 때 생기는 투시로 소실점이 하나인 2점 투시입니다.
- 사진4 : 2점 투시는 소실점이 두개로 물체의 한면 대신 모서리를 중심으로 생겨 사선원근법이라고도 합니다.
- 사진5 : 3점 투시는 소실점이 새개이고 위에서 내려다 볼 때 생기는 투시로 조감도법이라고도 합니다.
- 사진6 : 그럼 대기원근법은 무엇일까요?
- 사진7 : 눈과 물체 사이에 공기나 빛에 의해 생기는 변화를 명암이나 색을 이용해 거리감으로 표현합니다.
- 사진8 : 그래서 공기원근법 또는 색채원근법이라고도 합니다.
- 사진9 : 이런 사진도 원근법이라고 해야 할지는 모르겠지만요~^^
- 사진10 : 원근법은 사람들에게 착시현상을 만들어주기도 하죠~^^
- 사진11 : 원근법을 이용하며 재미있는 사진도 많이 만들 수 있겠죠? ^^
- 사진12 : 가끔은 원근법이 안통하는 사진도 있긴 하답니다~ㅋㅋ

⑨ [만들기] 대화상자가 표시되면 이름(재미있는 원근법) 및 저장 위치(문서)를 지정한 후 [만들기] 단추를 클릭합니다. 동영상을 만드는 과정이 완료되면 [동영상 열기]를 클릭하여 동영상을 확인합니다.

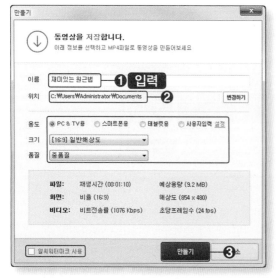

Exercise

[음악] 본인이 가장 좋아하는 시로 동영상을 제작하여 제출 하시오.

- 본인이 가장 좋아하는 시와 어울리는 음악, 그리고 사진 등을 모아 동영상으로 제작
- 사용하는 사진은 시와 음악 등의 분위기에 맞춰 임의로 편집하여 사용
- 프로그램 및 기능 등의 제약은 없으며, 조화롭게 만들었는지를 평가
- 완성된 파일은 공유하여 선생님 이메일로 제출

16 라이브 무비 메이커 사용하기

라이브 무비 메이커란 마이크로소프트사에서 개발한 동영상 편집 프로그램을 의미합니다. 라이브 무비 메이커는 다른 동영상 편집 프로그램에 비해 비교적 쉽고 간단하며, 가장 기본적인 동영상 자르기는 물론 여러 동영상을 다양한 전환 효과를 통해 자연스럽게 붙이고 음악 및 자막 등을 추가하는 등 다양한 기능을 통해 동영상을 편집할 수 있습니다. 라이브 무비 메이커는 윈도우 운영체제의 버전에 따라 설치 프로그램이 달라 마이크로소프트사 홈페이지에서 '무비 메이커'를 검색한 후 운영체제 버전에 맞는 무비 메이커 프로그램을 다운로드 받아 설치해야 합니다.

무비 메이커 프로그램의 기본 환경 살펴보기

❶ 빠른 실행 도구 모음 ❷ 제목 표시줄 ❸ 파일 탭 ❹ 리본 메뉴
❺ 미리 보기 창 ❻ 컨텐츠 창 ❼ 미리 보기 크기 변경 ❽ 확대/축소 슬라이더

수행평가에서 적용 가능한 기능

• 과제물에 필요한 촬영 동영상의 일부분을 잘라 저장할 수 있습니다.

• 여러 부분으로 찍은 동영상을 전환 효과 등을 적용하여 자연스러운 영상으로 만들 수 있습니다.

• 각종 홍보 및 교내 UCC 등 다양한 동영상을 편집하여 원하는 파일로 저장할 수 있습니다.

• 과학 실험 및 각종 기행 활동 등에서 촬영한 동영상을 편집하여 저장할 수 있습니다.

겨울놀이 체험활동 동영상 만들기

겨울 방학 기간동안 체험 했던 겨울에 할 수 있는 놀이에 대해 동영상을 찍어 편집하여 제출하시오. (완성된 결과는 인터넷 주소로 공유하여 선생님 이메일 주소로 제출)

○ 예상 결과물 미리보기

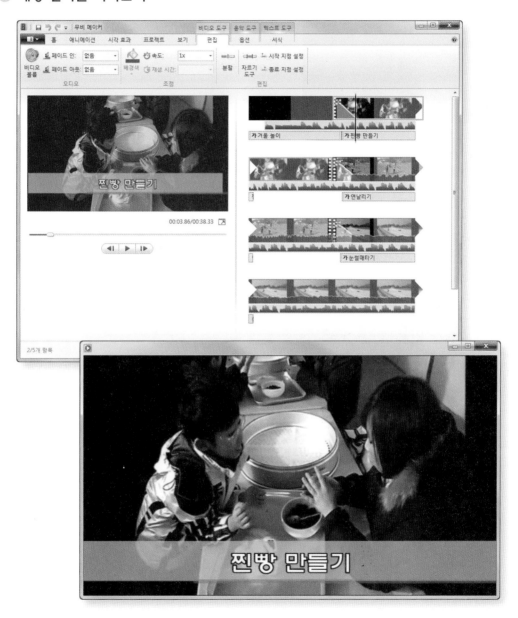

[라이브 무비 메이커 프로그램의 사용 기능 및 순서]

무비 메이커 실행 및 동영상 재생하기 / 동영상 자르기 / 영상 클립 이동 및 제목과 제작진 입력하기 / 자막 삽입하기 / 음악 추가하고 전환 효과 및 시각 효과 지정하기 / 프로젝트 및 동영상 저장하고 재생하기

01 무비 메이커 실행 및 동영상 재생하기

① [시작] 단추를 클릭한 후 [모든 프로그램]-[무비 메이커] 메뉴를 클릭합니다.

② 무비 메이커 프로그램이 실행되면 [홈] 탭-[추가] 그룹에서 [비디오 및 사진 추가]를 클릭합니다.

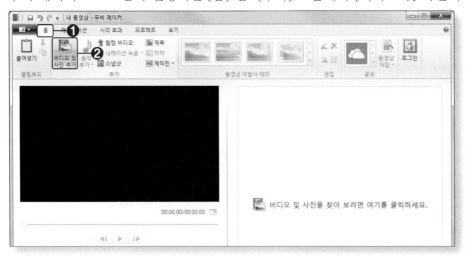

③ [비디오 및 사진 추가] 대화상자가 표시되면 폴더 위치(Ch16) 및 파일(영상1)을 선택한 후 [열기] 단추를 클릭합니다.

④ 컨텐츠 창에 동영상 클립(영상1)이 표시되면 미리 보기 창에서 ▶[재생] 단추를 클릭하여 동영상을 재생해 봅니다.

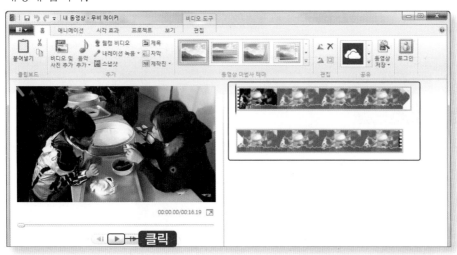

동영상 보기 관련 도구 살펴보기

• **전체 화면 미리 보기** : 미리 보기 창의 [전체 화면 미리 보기] 단추를 클릭하거나 키보드의 **F11**을 누릅니다.

• **이전 프레임** : 미리 보기 창의 ◀[이전 프레임]을 클릭하거나 키보드의 **J**를 누릅니다.

• **재생** : 미리 보기 창의 ▶[재생]을 클릭하거나 키보드의 **SpaceBar**를 누릅니다.

• **다음 프레임** : 미리 보기 창의 ▶[다음 프레임]을 클릭하거나 키보드의 **L**을 누릅니다.

컨텐츠 창의 영상 클립 확대 및 축소하기

컨텐츠 창에 표시된 영상 클립은 화면 하단의 [확대/축소 슬라이더]를 드래그하여 왼쪽으로 이동하면 축소, 오른쪽으로 이동하면 확대됩니다.

---

02 동영상 자르기

① 미리 보기 또는 컨텐츠 창에서 영상 위치(00:10.00)를 이동한 후 [비디오 도구]−[편집] 탭−[편집] 그룹에서 [분할]을 클릭합니다.

② 컨텐츠 창에 영상 클립이 2개로 분할되어 표시되면 뒤쪽 영상 클립이 선택된 상태에서 [홈] 탭−[편집] 그룹의 ✕[삭제]를 클릭하거나 키보드의 Delete 를 누릅니다.

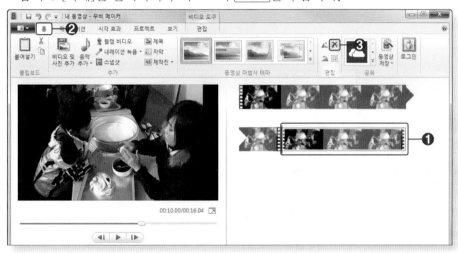

③ 컨텐츠 창에 앞쪽에 위치한 하나의 영상 클립(영상1)만 표시됩니다. 미리 보기 창에서 ▶[재생] 단추를 클릭하여 동영상을 재생해 봅니다.

○3 영상 클립 이동 및 제목과 제작진 입력하기

① [홈] 탭-[추가] 그룹에서 [비디오 및 사진 추가] 단추를 클릭한 후 [비디오 및 사진 추가] 대화상자를 이용하여 [영상2] ~ [영상3] 파일을 추가하여 컨텐츠 창에 표시합니다.

② 컨텐츠 창에 3개의 영상 클립이 표시되면 '영상3' 클립을 '영상1' 클립과 '영상2' 클립 사이로 드래그하여 이동합니다.

③ 동영상 처음 부분에 제목을 입력하기 위해 처음 위치로 이동한 후 [홈] 탭-[추가] 그룹에서 [제목]을 클릭합니다.

④ 제목 클립이 삽입되면 제목(겨울 놀이)을 입력한 후 [텍스트 도구]-[서식] 탭-[글꼴] 그룹에서 글꼴(HY울릉도M), 글꼴 크기(48), 텍스트 색(흰색), [조정] 그룹에서 텍스트 재생 시간(4.00), [효과] 그룹에서 ▬[심플 – 페이드1] 효과를 지정합니다.

텍스트 효과 지정하기

텍스트 효과의 경우 [텍스트 도구]-[서식] 탭의 [효과] 그룹에서 ▼[자세히]를 클릭한 후 효과 목록이 표시되면 원하는 효과(▬[심플 – 페이드1])를 선택하여 지정합니다.

---

⑤ [비디오 도구]-[편집] 탭-[조정] 그룹에서 텍스트 재생 시간(4.00)을 수정합니다.

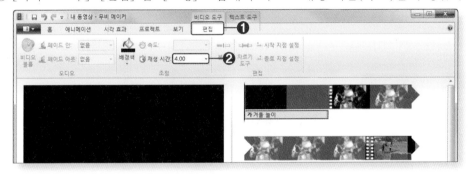

⑥ 동영상 마지막 부분에 제작진을 표시하기 위해 마지막 위치로 이동한 후 [홈] 탭-[추가] 그룹에서 [제작진]의 목록 단추(▼)를 눌러 [제작진]을 클릭합니다.

⑦ 제작진 클립이 삽입되면 내용을 수정한 후 [텍스트 도구]–[서식] 탭–[글꼴] 그룹에서 글꼴(HY울릉
도M), 글꼴 크기(48), 텍스트 색(흰색), [조정] 그룹에서 텍스트 재생 시간(4.00), [효과] 그룹에서
[시네마틱 – 왼쪽으로 버스트] 효과를 지정합니다.

⑧ [비디오 도구]–[편집] 탭–[조정] 그룹에서 텍스트 재생 시간(4.00)을 수정합니다.

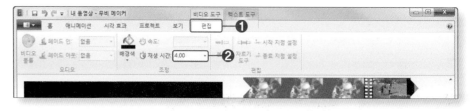

(04) 자막 삽입하기

① 영상에 자막을 삽입하기 위해 삽입할 클립 위치(00:04:51)를 지정한 후 [홈] 탭–[추가] 그룹에서
[자막]을 클릭합니다.

② 지정한 클립 위치에 자막이 표시되면 내용을 수정(찐빵 만들기)한 후 [텍스트 도구]–[서식] 탭–[글꼴] 그룹에서 글꼴(HY울릉도M), 글꼴 크기(36), 텍스트 색(흰색), [조정] 그룹에서 텍스트 재생 시간(4.00), [효과] 그룹에서 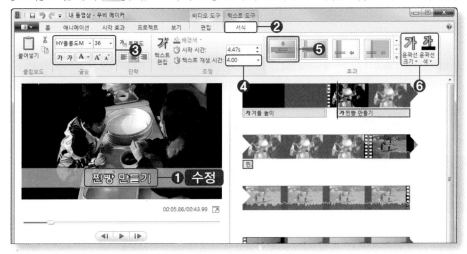[심플 – 페이드2] 효과와 윤곽선 크기(좁게), 윤곽선 색(검정)을 지정합니다.

③ 같은 방법으로 다음과 같이 클립 위치(14.51 / 24.51)에 자막(연날리기 / 눈썰매타기)을 입력한 후 같은 스타일의 글꼴 및 조정, 효과 등을 지정합니다.

○5 음악 추가하고 전환 효과 및 시각 효과 지정하기

① 음악을 추가하기 위해 처음 위치에서 [홈] 탭-[추가] 그룹에서 [음악 추가]-[음악 추가]를 클릭합니다.

② [음악 추가] 대화상자가 표시되면 폴더 위치(음악/음악 샘플) 및 음악 파일(Kalimba)을 선택한 다음 [열기] 단추를 클릭합니다.

③ 선택한 음악 파일이 삽입되면 [음악 도구]-[옵션] 탭-[오디오] 그룹에서 페이드 인(보통), 페이드 아웃 (보통), [편집] 그룹에서 시작 시간(0.50), 시작 지점(0.00), 종료 지점(47.00)을 수정합니다.

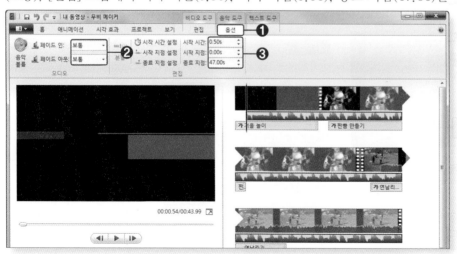

④ 전환 효과를 지정하기 위해 '영상1' 클립이 시작되는 지점을 클릭한 후 [애니메이션] 탭-[전환] 그룹에서 [흐리게] 효과를 지정한 다음 재생 시간(1.50)을 확인하고 [모두 적용] 단추를 클릭합니다.

⑤ 모든 클립에 전환 효과가 지정되면 시각 효과를 지정하기 위해 [시각 효과] 탭-[효과] 그룹에서 [흰색에서 페이드 인] 효과를 지정한 후 [모두 적용] 단추를 클릭합니다.

⭕6 프로젝트 및 동영상 저장하고 재생하기

① [파일] 탭-[프로젝트 저장] 메뉴를 클릭합니다.

> **프로젝트 저장하기**
> 작업 내용 그대로를 저장하는 프로젝트 저장은 빠른 실행 도구 모음의 [프로젝트 저장] 단추를 클릭하거나 키보드의 Ctrl+S를 눌러 저장할 수 있습니다.

② [프로젝트 저장] 대화상자가 표시되면 저장 위치(문서) 지정 및 파일 이름(겨울놀이)을 입력한 다음 [저장] 단추를 클릭합니다.

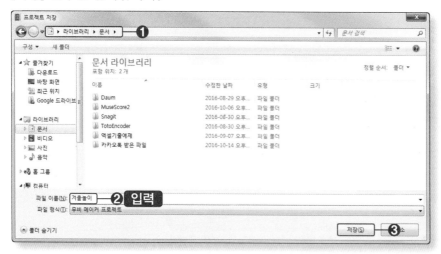

③ 완성된 프로젝트를 동영상 파일로 저장하기 위해 [파일] 탭-[동영상 저장] 메뉴 목록에서 [컴퓨터용]을 클릭합니다.

④ [동영상 저장] 대화상자가 표시되면 저장 위치(문서) 지정 및 파일 이름(겨울놀이)을 입력한 다음 [저장] 단추를 클릭합니다.

> **동영상 저장하기**
>
> 무비 메이커에서 저장할 수 있는 동영상 형식에는 MPEG-4 형식(mp4)과 Windows Media 비디오 파일 형식(wmv)이 있으며, 스마트폰을 위한 안드로이드(Android Pone) 및 애플 아이폰(Apple iPhone) 등의 방식으로도 저장할 수 있습니다.

⑤ 동영상 저장 과정이 모두 완료되면 [무비 메이커] 대화상자가 표시되며, [재생] 단추를 클릭하면 동영상이 재생됩니다.

Exercise

[음악] 애국가에 관련 사진 또는 영상과 자막을 이용하여 동영상을 만드시오.

- 샘플 미디어 : 샘플1.mp4 ~ 샘플6.mp4, 애국가.mp3(관련된 임의의 동영상 사용 가능)
- 제목 및 제작진 사용하여 작품 제목 및 제작자 표시
- 애국가 음악에 맞게 가사를 자막으로 표시하고 애니메이션 설정은 임의로 지정
- **완성된 동영상은 프로젝트 및 동영상 파일로 저장** : 애국가.wlmp, 애국가.mp4

MEMO

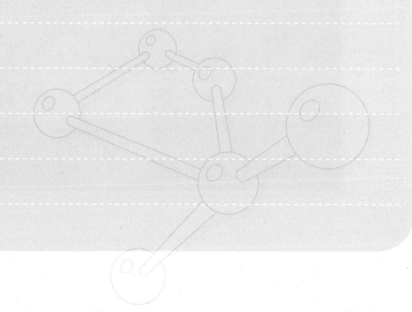